KB117698

확신

일러두기

1. 이 책은 롭 무어의 「I'm Worth More: Realize Your Value, Unleash Your Potential」 (2019)을 완역한 것이다.
2. 독자의 이해를 위해 옮긴이가 보충한 내용은 〔 〕로 표시했다.

I'M WORTH MORE

롭 무어 지음 | 이진원 옮김

최고의 나를 이끌어내는 부의 심리학

확신

ROB MOORE

Dear _____

당신은 정말로 가치 있는 사람이며
당신이라서 위대하다.

당신의 가치를
어떻게 증폭할 것인가?

2006년 이후 나는 사업가를 꿈꾸는 사람이나 자유로운 삶을
추구하는 사람, 파트타임이든 풀타임이든 자기 사업을 하는 사람
들을 돕는 데 많은 시간을 할애했다. 초창기에는 부동산 투자자
들을 주로 도왔는데, 나중에는 일반 기업가도 도왔다. 나 자신뿐
만 아니라 다른 사람들을 위한, 더 나은 삶을 살고 싶어 하는 모든
사람을 위한 일이었다고 생각한다.

더 많은 사람을 만날수록 다들 똑같은 투쟁 속에 외로운 싸움
을 벌이고 있다는 사실을 깨달았다. 주위에 같은 고민을 하는 사
람이 그토록 많은데도 혼자서 끙끙 앓는 사람이 많다. 소셜미디

확신

어를 통해 당당하게 사는 모습을 내비치는 사람도 별반 다르지 않다. 그들 중에는 다른 사람의 문제를 해결해주겠다며 떠벌리지만 실제로는 자신의 문제조차 해결하지 못하는 경우가 많다.

실패하거나 잘하지 못할까 봐 느끼는 불안감, 다른 사람의 비판과 조롱의 대상이 된 듯한 기분 등 부정적인 마음의 속박에서 벗어나 자유로운 사람은 아무도 없다. 그러니까 당신에게는 아무런 문제가 없다. 인간이라면 누구나 겪어야 할 일일 뿐이다.

그러므로 성공, 성취, 자존감 사이의 균형 잡힌 시각을 이해하는 것이 중요하다. 항상 더 많은 걸 얻고, 더 성장하고, 더 나아지기를 갈구하면서 현재 당신의 모습과 당신이 서 있는 곳에 만족하고 행복해지려는 건 언뜻 모순처럼 보이기까지 한다.

자기 자신을 믿지 못한다면 당신이 다른 사람에게 제품이나 서비스를 팔거나 제공할 때 온당한 대가를 요구할 수가 없다. 영혼에 구멍이 있다면 자신 있게 팔 수는 없는 법이다. 모든 사업, 마케팅, 세일즈, 스타트업, 부업, 투자, 파트너십, 그 외 모든 직업 그리고 모든 관계의 기본은 당신이 당신 자신을 어떻게 생각하는가에 달려 있다. 자신의 가치를 깨달아야 비로소 잠재력을 발휘할 수 있는 법이다.

이전까지 해왔던 것처럼 이 책도 내 경험만을 토대로 쓰지 않았다. 나는 항상 내가 배우고, 익히고, 고심하고, 성공한 일을 토대로 글을 써왔다. 하지만 사업가이자 자유주의자이자 낙천주의자이자 불굴의 신념가이자 태생적인 비현실주의 사상가로서 내가 겪어온 경험은 다른 사람들이 겪어온 경험과 다르지 않다. 그 덕분에 깊이 있는 경험을 토대로 많은 사람에게 필요한 책을 쓸 수 있었다. 나는 나를 위해서 책을 쓰지 않는다. 내 주변 사람들, 나를 믿고 좋아하는 사람들을 위해 책을 쓴다. 이 책은 **15년 동안 수십만 명에게 꾸준히 받아왔던 질문, 즉 자신의 가치를 어떻게 깨닫고 잠재력을 어떻게 발휘할 수 있는지에 관한 답이다.**

이 책이 지금까지 썼던 책 중 가장 유익한 책이 될 것이다. 내가 겪은 온갖 고생과 도전, 간헐적 승리의 이야기를 바탕으로 당신이 어려움을 이겨내고 승리하기를 바란다. 또 당신은 혼자가 아니며, 기술이나 경험, 자신감, 어느 것 하나 부족하지 않을뿐더러, 어떤 악조건 속에서도 자신의 길을 잃지 않고 살아갈 수 있다는 강한 확신을 갖기를 바란다. 정말로 그래 줄 수 있기를 바란다.

이 멋진 여행에 동행할 수 있게 해준 당신에게 진심으로 감사를 전한다. 당신은 형언할 수 없을 만큼 가치 있는 사람이며, 당신도 이미 알고 있다. 단지 그 사실을 확인하는 데 내 도움이 필요한 것뿐이다.

감정 중독에서 벗어난
백만장자의 자존감 투자 원칙

인간은 환경에 반응하며 살아간다는 의미에서 환경의 부산물이다. 감정 역시 각자가 처한 환경에 대한 반응과 피드백이며, 그렇기 때문에 돈에 관한 믿음이나 감정은 우리가 경험한 돈과 관련된 환경에서 나온다.

우리의 경험은 그냥 '현실' 자체가 아니라 그저 '우리가 겪는 현실'일 뿐이다. 그래서 돈과 관련한 어떤 경험이라도 다른 의미나 새로운 경험을 만들어냄으로써 바뀔 수 있다. 어떤 사람들은 돈을 구하기 어렵고, 돈과 관련된 고통스러운 경험을 많이 해온 환경에서 자라왔다. 한편 다른 부류의 사람들은 돈을 벌기 쉽고,

자유롭게 쓰고, 부족함 없는 환경에서 자랐다. 이로 인해서 '망나니'가 된 사람도 있긴 하지만 돈의 가치와 진가를 존중하게 된 사람들도 많다. 이들은 모두 이런 경험을 현재의 모든 순간으로 끌고 와서 그들의 과거 경험과 믿음을 미래 상황에서 드러낸다.

대개 사람들은 자신이 지닌 믿음과 경험을 '현실'에 투영한다. 다른 사람들에게 우리가 믿는 진실을 설득하려 할 때 그 진실을 외부로 투영한다. 나도 여기서 똑같이 그렇게 하고 있지만 나는 가난과 부를 모두 경험한 몇 안 되는 사람 중 한 명이다. 나는 빈털터리였다가 부자가 되었다.

전 세계에는 부자인 적도 없는데 돈의 폐해에 대해 떠들어대는 빈털터리들이 있다. 그중 한 명이 나였다. 나는 가난하게 자란 부모님 아래서 성장했지만, 부모님은 내가 필요로 하고 원하는 건 뭐든지 사주셨고, 내가 모자람 없는 삶을 살 수 있도록 정말로 열심히 일하셨다. 그러다가 18세부터 25세 사이에 나는 그런 유산을 탕진하고 많은 빚을 졌다. 나는 배은망덕한 알거지가 되었다. **나는 세상에 비통함과 적개심을 느꼈고, 돈이 있는 누구에게나 그런 감정을 전가했다. 나는 부정적 감정에 중독되었다.** 내 잠재력을 충분히 발휘하지 못하고 있다는 사실을 인정하기보다는 부유한 사람들을 비판하는 편이 훨씬 쉽고 안전하기 때문이다.

확신

나는 운, 뜻하지 않은 발견, 아버지를 우러러보던 어린 시절부터 내 안에 있었던 욕망 등을 통해 이 악순환에서 간신히 벗어났다. 나는 돈에 관한 책과 부유하고 성공한 사람들의 자서전을 읽었다. 강좌를 듣고, 모임에도 참석했다. 부자들과 어울려 다니면서 그들에게서 배우기 시작했다. 그렇게 **과거의 감정적 기억과 씨름하자 상황이 변하기 시작했다.**

나는 5만 파운드의 부채를 청산하고, 돈 한 푼 없이 1년 만에 20건의 부동산을 샀다. 나는 20대 중후반에 경제적으로 자유로워졌고, 서른 살에 백만장자가 되었다. 내 목표가 서른 살이 되기 전에 백만장자가 되는 것이었기에 목표보다 다소 시간이 걸린 데 대해 약간 화가 났던 걸로 기억한다. 그 후 나는 천만장자가 되었고, 연 매출이 1억 파운드를 넘길 때까지 회사를 키웠다.

집필도 마찬가지다. 이 책에서 내 과거의 경험과 약점을 생각하면 나를 평가하는 말들이 약간 두렵기도 하지만 어쨌든 이 책을 쓰고 있다. 또한 다른 사람들이 이 책을 읽고 나를 사랑하리라는 것을 알기 때문에 책을 써서 출간하자고 나 자신을 부단히 독려한다. 내 위대한 면을 싫어하는 사람도 있겠지만, 나를 있는 그대로 받아들여 줄 사람도 있을 것이다.

나는 빈털터리였다가 30대에 백만장자가 되었다. 수십 년의 경험을 통해 이분법적으로 생각해봐도 분명 부자가 되는 것이 빈털터리가 되는 것보다 훨씬 낫다고 주장할 수 있다. 나는 결코 완벽하지 않고 결점이 많지만, 부자인 지금의 내가 훨씬 더 좋다. 그리고 아주 행복하다. 운이 좋게도 시간, 경험, 돈이라는 측면에서 다른 사람들에게 훨씬 더 많은 것을 줄 수 있는 위치에 서 있다. 지금처럼 많은 세금을 내본 적도 없다. 경영하고 있는 회사들이 부가가치세, 국민보험, 법인세, 소득세 등으로 내는 돈만 계산하기 힘들 정도로 어마어마하다. 물론 빈털터리였을 때보다 훨씬 더 많은 사람을 돕고, 격려하고, 교육한다. 내 자존감은 아주 높아졌고, 비전은 더 웅장해졌으며, 후대에 남길 유산은 더 커졌다.

돈은 나를 더 괜찮은 사람으로 만들었다. 돈은 내게 소중한 교훈을 많이 가르쳐줬다. 나는 돈보다 돈을 벌고, 관리하고, 정복함으로써 얻은 교훈과 경험을 더 소중하게 생각한다. **돈은 계속 베푸는 것을 결코 멈추지 않는 선물이었다.**

물론 부자가 되면 책임감이 커지고, 당신을 비판하는 멍청이와 당신을 미워하는 사람도 늘어나고, 추가 신변 보호의 필요성이 커지고, 보험료도 많이 내야 하고, 손해를 보면 피해액도 커질 수 있고, 당신을 판단하는 사람들이 늘어나는 등의 단점이 있다. 이것이 부자가 됨으로써 감수해야 할 대가지만 기꺼이 치를 용의가 있는 대가다. 내 경우 빈털터리로 살면서 행복, 자존감, 자신감을 모두 포기해야 했다. 돈이 없다는 이유로 만나거나 접할 수 없는 사람들과 경험들이 너무 많았다.

당신의 경험이 지금의 당신을 만들었다. 물론 나는 그것을 판단할 입장이 못 된다. 그저 당신의 부와 행복을 부정하는 돈에 얽힌 경험에 집착할 필요가 없다고 말해주는 것뿐이다. 당신은 과거의 경험과 의미를 바꾸고 통제할 수 있다. 원한다면 돈을 별 의미가 없게 만들 수도 있다. 우리 모두 현실이 아니라 경험을 바탕으로 의미를 만들기 때문이다.

돈은 선하지도 악하지도 않다. 돈은 판단하지 않는다. 돈은 죄의식도 수치심도 없다. 돈은 그저 돈일 뿐이다. 돈에 의미, 목적, 기능을 부여하는 건 인간이다. 돈은 생각처럼 잘 변한다. 돈은 당신이 원하는 무엇이건 창조할 수 있는 수단이다.

그렇다면 돈을 얼마나 많이 원하며, 돈을 얻기 위해 과거에 겪은 어떤 경험을 포기할 준비가 되어 있는가?

결심이 섰다면, 이제 자존감 투자를 위한 6원칙을 따르라. 당신이 부자가 되고 싶든, 이미 되었든, 부정적 감정에 습관적으로 중독되어 있다면 부를 얻거나 지킬 수 없다.

자신을 알고 자기 가치를 확신해 무한한 부의 잠재력을 깨워라. 자신에게 최고의 투자를 하라.

CONTENTS

PART **1** | ## 당신이 자존감에 관해 오해하는 것들
제1원칙 "가난을 만드는 가짜 자존감을 버려라"

PART
6

부와 성공이 찾아오는 사람의 내공
제6원칙 "머니 콤플렉스를 이기고 소득 잠재력을 발휘하라"

당신이 자존감에 관해
오해하는 것들

· 제1원칙 ·

가난을 만드는 가짜 자존감을 버려라

잘못된 우상

배우 아널드 슈워제네거는 25년도 넘게 내 우상이었다. 나는 어릴 적에 부모님이 운영하시는 술집에서 생활하며 자랐다. 부모님이 밤늦게까지 일하셨으므로, 어머니는 내가 심심할까 봐 종종 비디오 대여점에 데려가주시곤 했다. 열한 살 무렵 나는 청소년 관람 불가 영화를 보고 싶어 했고, 종종 아널드가 나오는 영화를 보게 해달라고 졸랐다.

그런 영화를 보기에는 내가 너무 어렸다는 점만 빼고는 아널드가 출연하는 영화는 내게 언제나 최고였다. 졸작이라도 상관없었다. 그는 나를 슈퍼히어로가 되고 싶게 만드는 존재였다. 나는 그가 미스터 올림피아〔프로 보디빌딩 대회〕 타이틀을 그토록 많이 거머쥐게 될지 몰랐다. 부동산 투자로 수백만 달러를 벌고, 수백만 권의 책을 팔고, 캘리포니아 주지사까지 될 줄 몰랐다. 그저 아널드처럼 되고 싶은 마음만 간절했다. 역기 운동도 시작했다(물론 지금 내 몸을 본 사람이라면 그게 얼마나 헛수고였는지 알겠지만!).

나는 아널드를 거의 숭배하기에 이르렀다. 그는 물 위를 걷고, 손대는 건 뭐든지 금으로 바꿀 수 있는 주술사 같았다. 결코 범접할 수 없는 위치에 있는 위대한 내 구루guru였던 셈이다.

나이가 들수록 내게는 그와 같은 능력이 없음을 깨달았다. 그를 닮겠다는 열정은 내게 큰 동기부여가 되었고, 앞으로 더 나은 사람이 되고 싶게 만들어주었다. 하지만 시간이 지날수록 나는 나 자신이 무가치한 사람처럼 느껴졌다. 내가 어떻게 아널드가 오른 경지에 도달할 수 있을지를 놓고 고민했다. 그는 원래 그렇게 되려고 타고났지만 나는 그렇지 않아서 그만큼 위대해질 수는 없을 것 같았다. 그러자 정반대의 효과가 나타나기 시작했다. 그런 생각은 나를 집요하게 들볶으면서 내가 이루지 못한 일들을 계속해서 상기시켜줬다. 내가 되고 싶은 사람이 결코 되지 못했다는 사실도.

그러다가 아널드를 직접 만날 기회가 생겼다. 너무나 긴장되었다. 나 자신이 어딘가 좀 모자란 소년 팬이 된 것 같았다. 조금이라도 덜 바보처럼 보이고 싶어서 하고 싶은 말을 여러 번 연습했다. 그가 어떤 반응을 보일지도 상상해보았다. 그러다 보니 그럴듯한 대본까지 작성하기에 이르렀다. 그와 단둘이 머물게 될 공간에 가서도 머릿속으로 대본을 여러 번 복습했다. 숨죽이고 기다리다 보니 드디어 그가 들어왔다.

그런데 어떻게 된 일인지, 생각보다 키가 작다는 느낌이 확 들었다. 나는 아널드가 전 프로레슬링 선수이자 키가 2미터가 넘었던 앙드레 더 자이언트^{André The Giant}만큼 클 거라고 상상했기 때문이다. 악수를 하면서는 그의 정수리가 눈에 들어왔는데, 머리를 염색했다는 걸 알 수 있었다.

나는 소스라치게 놀랐다. 완벽한 슈퍼히어로에 대한 내 꿈이 산산조각이 난 것일까? 아니면 갑자기 나 자신을 더 사랑하는 마음을 갖게 된 걸까? 완벽하다고 생각했던 아널드도 나처럼 완벽하지 않은 사람이었다!

우리는 30여 분 동안 담소를 나눴다. 그는 예상했던 대로 무척 사랑스러운 사람이었다. 심지어 낯선 사람을 만나면 약간 긴장하는 것도 같았다. 아니면 내가 초조해하는 듯 보여서 그랬는지도 모른다. 어쨌든 가장 충격적인 사실은 아널드가 정말로 완전히 평범한 사람이었다는 점이다.

사실 아널드의 키는 예전이나 그때나 변함없었을 것이다. 아니, 어쩌면 3~4센티미터 정도는 줄었을 수도 있다. 아무리 위대한 사람이라도 나이가 들면 키가 조금 줄어들기 마련일 테니. 하얗게 센 머리를 염색하는 것도 자연스러운 일이다. 나 역시 그럴 것이다(사실 그가 실제로 머리를 염색했다는 증거는 없다. 단지 나의 짐작일 뿐이다. 아니면 그의 머리카락이 완벽한 검은색일 거라고 기대한 탓에 그가 머리를 염색했다고 어림잡았을 수도 있다).

그의 키가 실제보다 30센티미터는 클 거라고 생각했던 것처럼, 나는 그의 모든 것을 범접할 수 없는 경지에 있는 것으로 여겼다. 하지만 죽기 직전 살아온 날들이 한꺼번에 갑자기 떠오르듯, 한 번도 만나본 적 없는 사람을 모든 것이 '완벽한' 사람으로 착각하고 있었다는 사실을 깨달았다.

그런 착각은 내 자신감에 이롭지 못했다. 항상 아널드와 나를 비교하면서 내가 그보다 모든 면에서 더 열등하다고 생각했지만, 그런 생각은 옳지 않았다. 아널드와의 만남은 머릿속으로 연습했던 대본과는 전혀 다르게 흘러갔다. 그렇다고 해서 아널드가 밤잠을 설쳐가면서까지 내가 얼마나 멍청한 사람이었는지 생각했으리라 믿는가? 좋다. 대답하지 않아도 된다.

살면서 다른 사람을 우상화하거나 그와 비슷한 경험을 해본 적이 있다면, 이 책은 당신이 그게 왜 잘못되었는지 이해하고 거기서 벗어나 새로 출발할 수 있게 도와줄 것이다. 이 책이 바로 당신을 위해 썼다는 것을 확인해보라.

- 다른 사람과 비교하며 자신의 무가치함이나 공허감을 느껴본 사람
- 자신의 능력을 포함해 모든 일을 실제보다 훨씬 더 심각하게 걱정하는 사람
- 당신이 존경하거나 우상화하는 사람에 비해 '타고난 재능'이 없다고 느껴본 사람
- 지금보다 훨씬 더 나아질 수 있고, 또 그래야 한다고 느끼면서도 그렇게 되지 못하는 사람
- 무기력감을 느끼고, 자신의 능력을 무시하고 깎아내리는 사람
- 자신이 제대로 대우받지 못하고 있고, 소득이나 급여가 지금보다 훨씬 더 올라가야 한다고 느끼는 사람
- 과거에 저지른 잘못과 실패에 대해 자책하는 사람
- 다른 사람들의 기대치에 부응하지 못하면서 살고 있다고 느끼는 사람
- 자신을 향한 기대치에 부응하지 못하는 삶을 살고 있다고 느끼는 사람
- 성공하거나 행복해지거나 부자가 될 자격이 없다고 느끼는

사람

- 약하거나 쓸모없다고 생각하거나 외롭다고 느끼는 사람

아널드는 정말로 흠잡을 데 하나 없고 타의 추종을 불허하는 뛰어난 사람일까?

아니다. 그는 단지 그래서 위대할 뿐이다. 그리고 **당신은 당신이라서 위대하다.** 그는 자신의 재능과 특별함을 정복하고 잘 활용하고 있다. 그에게 자신이 완벽한지를 물어보면 당신과 마찬가지로 불안감과 두려움을 느끼고 있다는 말을 듣게 될 것이다. 당신은 자신을 다른 사람과 비교하거나 누군가를 모델로 삼지 않아도 된다. **당신의 기술, 재능 그리고 당신에게만 있는 '특별한' 능력을 발견하고, 존중하고, 발휘하라. 당신의 가치를 인정하지 못하게 하는, 그리고 당신을 세상에 충분히 드러내지 못하게 하는 온갖 속박에서 벗어나라.**

세상은 그런 새로운 당신을 보고 싶어 하지만, 일단 그러려면 당신부터 변해야 한다. 그리고 변하기 위해선 자신의 가치를 믿어야 한다. 이미 당신 안에 있는 가치를 알아보고, 자신의 우상에게서 보던 것을 당신 안에서도 보도록 자신을 도와라.

당신의 자존감은
진짜일까

예전에 나는 영국 록밴드인 라디오헤드^{Radiohead}가 세계 최고이고, 다른 모든 밴드는 거기에 못 미친다고 생각했다(이게 내가 친구를 더 많이 사귀지 못한 이유일지도 모른다). 라디오헤드 멤버들이 등장한 미국의 인기 애니메이션인 〈사우스 파크^{South Park}〉가 재미없다고 생각하는 사람 역시 뭔가 잘못되었다고 생각했다. 좋다. 뭐 가끔은 내 생각이 옳을 때도 있다.

어릴 적에 프로 골퍼가 되고 싶다는 꿈이 있었다. 하지만 당시에는 내가 세상에서 가장 불행한 골퍼라고 확신했다. 참가한 대회마다 첫 번째 홀에서 공을 치려고 준비만 하면, 강한 맞바람이 불어오곤 했다. 내가 칠 때만 그렇게 맞바람이 불었다. 그리고 후반 9홀을 돌 때면 바람의 방향이 180도 바뀌면서 전반 9홀 때처럼 내 얼굴을 향해 바람이 불어오곤 했다.

이렇게 말하고 보니 내가 좀 모자랐던 것처럼 느껴진다. 하지만 스물여섯 살까지는 내가 보는 세상이 진짜 세상이고, 내가 지각하는 게 현실이며, 세상에는 단 한 가지 현실만이 존재하고, 나에 관한 일인 한 나를 제외한 모두가 틀렸다고 확신했다. 많은 사람이 세상을 '자기' 방식대로 봤을 때 세상을 '이해'하곤 한다. 이 유일한 방식이 '올바른' 방식인 것이다.

내가 옳기도 했지만 틀리기도 했다. 그것도 아주 많이 틀렸다. 현실에 관한 여러 깨달음은 가장 단순하지만 심오하게 내 삶을 바꿔놓았다.

- 세상에 단 한 가지의 현실은 없다.
- 개인의 인식만이 존재할 뿐이다.
- 개인의 인식이 개인적 현실을 만든다.
- 현실은 개인적 현실로 전환된 인식에 불과하다.
- 현실은 개인의 인식이 투영된 결과다.

이를 간단히 정리하면 이렇다. **"현실은 고정되어 있지 않고 무한**

하게 변하며, 누구나 자신의 현실을 창조할 수 있다."

나는 수많은 자기계발 세미나에서 위와 같은 주장을 접했다. 정말 깜짝 놀랄 만한 주장이었다. 어떻게 단 하나의 고정된 사실이 없을 수 있단 말인가?

처음에 나는 내가 인식하는 현실만이 유일한 현실이라는 '단 하나의 현실론'에 집착했다. 자명한 현실이 의심스러울 리 없었기에 내 반응은 당연했다. 이 문제로 고민했던 건 나뿐만이 아니었다. 내 생각이 완전히 바뀐 뒤에는 사업 파트너인 마크 호머^{Mark Homer}와 이 문제를 두고 열정적으로 논쟁을 벌이기도 했다.

나: 현실은 개인의 인식일 뿐이라 변화 가능해.

마크: 하나의 고정된 현실만 존재해야 하는 게 맞아.

나: 하지만 개인의 인식이 현실을 변화시킨다고.

마크: 아니야. 개인마다 현실을 다르게 보더라도 단 하나의 고정된 현실만 존재해.

나: 현실을 보는 개인의 인식이 그것을 변화시키니까 그렇지 않아.

마크: 아니야. 단 하나의 고정된 현실만 존재해야 해.

나: 아니야, 마크. 개인의 인식이 현실을 변화시킨다고.

마크: 아니야! 개인마다 현실을 보는 방식이 달라도 단 하

나의 고정된 현실만 존재해.

나: 현실을 보는 개인이 그것을 변화시키니까 그렇지 않아.

당신은 나처럼 현실이 일종의 인식된 사실이라고 믿을 수도 있고, 마크처럼 단 하나의 고정된 현실이 존재하는데, 그것을 우리 모두가 다르게 인식할 뿐이라고 믿을 수도 있다. 어느 쪽이든 상관없다. 있는 그대로가 아니라 당신 눈에 보이는 것을 당신의 현실이라고 믿는다면 말이다. **더욱 중요한 건 당신의 현실은 바뀔 수 있다는 사실이다.** '당신'이 현실을 바꿀 수 있다. 당신에게는 인식의 변화를 통해서 자신의 현실을 바꿀 힘이 있다. 인식을 바꾸는 순간 전체 현실이 바뀐다. 당신은 개방적인 비전과 결정을 통해 당신이 원하는 새로운 현실을 만드는 연금술사가 될 수 있다.

자존감 역시 마찬가지다. 당신의 자존감은 고정되어 있지 않다. 부모님에게 어떤 말을 들었든, 어떻게 성장하고 실패했든, 어떤 상처와 짐을 짊어지고 있든 상관없다. 당신에게 영향을 준 일들이 얼마나 오래전에 일어났는지도 중요하지 않다. 그런 일들이 얼마나 고통스러웠고 얼마나 당신 마음속에 깊이 뿌리박혀 있는지도 마찬가지다. 당신의 자존감은 자신에 대한 당신의 인식일 뿐이기에 항상 바꿀 수 있다. 주위 사람들에게서 평생 당신이 부족한 사람이라는 말을 듣고 살았어도 당신이 자신에 관해 무엇을 믿을지는 순전히 당신의 선택에 달려 있다.

달리 말하면, **자존감은 진짜가 아니다. 당신이 인식하는 자신에 대한 착각일지도 모른다.** 다른 사람들은 당신을 당신과 다르게 볼 수도 있다. 그들은 당신이 자신에게서 보는 것보다 더 많은 것을 보며 당신을 위대한 사람으로 여기거나 아니면 깔보거나 불신하며 열등한 사람으로 여길지 모른다.

이러한 외부의 인식도 진짜가 아니다. 단지 당신에게 투영된 그들 개인의 인식에 불과하다. 타인이 당신에게 투영해놓은 현실과 당신이 창조하는 현실 사이의 괴리에 주의하고, 당신의 현실을 어떻게 만들어나갈지 신중하게 선택하라.

우리는 허황한 인식을 한 뒤 우리의 내적 혹은 외적 현실을 만든다. 이후 그것에 어떤 의미를 부여한다. 인간은 본래 모든 것에 뭔가 '의미'를 부여하려는 바람과 욕구를 갖고 있다. 그래서 우리 인생의 의미와 목적, 자신이나 타인이 하는 행동의 이유를 이해하고 싶어 한다.

이런 비판적 사고는 우리의 생존에 꼭 필요한 도움을 준다. 당신이 부모라면 자식들이 가장 짜증 나게 반복해서 하는 말이 "왜요?"임을 알 것이다. 아이들은 "엄마(혹은 아빠), 왜요, 왜요, 왜요, 왜 그래요?"라고 계속 묻는다.

인간의 생존은 절대적으로 보장된 것이 아니다. 자신의 안전을 당연하게 여겼다가는 저세상으로 떠날 수도 있다. 따라서 당신은 아주 빠르고도 확실하게 무엇이 무슨 역할을 하는지 그 의미를 찾고 판단할 수 있어야 한다. 그중에는 당신의 생존을 확실히 도와주는 일도 있지만 위협하는 일도 있다.

예를 들어 어린 시절 아이들은 자기를 사랑해주고 보살펴주는 부모와 같이 있으면 안전하게 생존할 수 있다고 느낀다. 반대로 자신을 사랑하거나 보살펴주지 않는 부모와 같이 있으면(혹은 그런 부모로 인식한다면) 생존의 위협을 느낀다. 성인이 되면 외부에서 일어나는 사건들이 현실에서든 인식 속에서든 그들의 생존을 더욱 강하게 보장해주거나 위협한다.

이렇듯 우리의 머릿속에 고착화된 '의미 창조' 능력은 우리 주변에서 일어나는 모든 일들에 대해 '자동으로' 어떤 시각을 갖게 해준다. 그런 시각은 실존하는 확실한 위험, 대중 연설의 두려움, 우리에 대한 타인의 평가 혹은 우리의 전반적 자존감 등을 인식할 때 드러날 수 있다. 어떤 사건이 우리에게 미칠 영향을 간파하려는 욕구는 우리가 모든 것에서 의미를 찾게 만든다. 우리는 심지어 본질적이거나 특별한 의미가 없는 사건에서조차 의미를 찾는다. 현실은 결국 인식일 뿐이기 때문에 모든 사건에서 의미를 구한다. 현실은 세상이 아닌 우리 마음속에 존재한다.

확신

사건 자체에는 아무런 의미가 없으므로 당신의 자존감을 해친다고 믿는 여러 사건은 진짜가 아니다. 당신은 확실한 생존을 보장받으려다가 외부의 사건과 사람들에게 의미를 부여한다. 그리고 이런 사건들이 실제와 다른 어떤 의미를 갖게 만든다. 게다가 우리는 긴장을 풀거나 안도하는 태도를 보이는 긍정적 편향 대신에, 부정적 편향에 빠지는 경향이 있다. 그래야 더 확실한 생존을 보장받기 때문이다.

이 모든 것이 당신의 자기 인식과 자존감에 연결된다. 당신은 아무것도 아닌 일들을 실제보다 훨씬 더 심각하고 유해한 일로 바꾼다. 그러면 생존에는 도움이 될지 몰라도 행복감이나 성취감, 또는 자신이 충분히 괜찮은 사람이란 느낌은 들지 않는다.

이 책에서 나는 여러 사건과 사람들이 당신의 자존감에 미치는 '진짜 영향', 당신이 그들에게 부여하는 의미와 그 때문에 자기에 관해 갖게 되는 느낌 그리고 그런 의미를 바꾸는 방법에 대해 설명하려고 한다. 의미를 바꾸면 순식간에 현실이 바뀌면서, 당신은 더 고귀한 자존감과 가치를 창조할 수 있다. 당신의 현실에서 건강한 의미를 창조하는 방법뿐만 아니라 과거에 당신에게 상처를 줬던 사건들에서 더욱더 현실적이거나 새롭거나 균형 잡히거나 자율적인 의미를 창조하는 방법을 이해하려고 노력하라. 그러면 말 그대로 자존감이 충만히 깃든 현실을 만들게 된다.

인간이 선천적으로 의미를 창조하는 능력을 타고났다는 점에서 나는 당신이 타고난 능력을 발휘할 수 있게 도와주려고 한다. 당신은 망하거나 상처받지 않았다. 현실을 바꿀 인식만 바꾸면 된다.

부자와 빈자의 근본적인 차이는 자신을 어떻게 바라보는지에 달렸다. 돈과 부, 명예는 따라오는 결과물에 불과하다. 당신은 이미 저 밖에 존재하는 걸 그저 바라보기만 하면 된다. 거리에서 당신 옆을 달리던 자동차를 의식하지 않고 살다가 직접 차를 샀더니 갑자기 모두가 차를 가진 것처럼 보일 때처럼 말이다.

구멍 난 양동이는
저절로 채워지지 않는다

어디든 편안한 자세로 앉는다. 낯익은 곳에 혼자서. 눈을 지그시 감고 숨을 편히 쉰다. 코로 숨을 깊이 들이마신 다음에 입으로 내뿜는다. 4초 동안 숨을 들이마신 뒤 5초 동안 내뱉는다. 좋다. 그렇게 하면 된다. 호흡에만 집중하라. 머릿속에 오만 가지 잡생각이 나더라도 그냥 그런 생각이 든다는 것만 의식한 채로, 해안으로 밀려왔다 떠나는 파도처럼 다시 떠나게 내버려 두자.

안 된다! 멈춰라!

이 책이 당신에게 이런 식의 요구를 할 거라는 오해는 하지 말

아주기를 부탁한다. 하지만 각자 선호하는 방법이 다를 수 있다. 수백만 가지 문제를 드러내 보이기보다는 명상을 통해 밀쳐버리려는 사람도 있을 것이다. 제발 당신은 그러지 않기를 바란다.

당신은 구멍 난 양동이에 물을 채우느라 시간을 낭비하고 싶지 않을 것이다. 물을 더 세게 틀어봤자 소용없다. 구멍을 통해 빠져나가는 물을 향해 소리를 질러봤자 뭐 하겠는가. "물아, 제발 좀 그만 나가"라고 해봤자다.

그렇다.

구멍을 틀어막는 게 낫다.

2006년 이후 나는 사업 파트너들과 부동산에 투자하면서 재산을 불려왔고, 내 주변 사람들도 나처럼 재산을 불릴 수 있도록 돕고 있다. 당시 나는 순진하게도 사람들에게 유용한 지식과 정보만 알려주면 그들의 성공을 도와줄 수 있다고 생각했다. 결과적으로 지식은 힘 아니겠는가? 하지만 내 생각은 틀렸다.

나는 머지않아 지식과 정보만으로 쉽게 성공할 수 있다면 모두가 성공하는 방법을 배우고도 남으리라는 것을 알게 되었다. 하지만 행동의 동기 역시 필요했다. 그런데 문제는 동기를 가진다는 게 짚으로 양동이의 구멍을 막는 것과 마찬가지라는 점이다. 잠시 동안은 효과가 있을지 몰라도 곧바로 다시 새기 시작해 결국에는 다시 터질 것이다. 왜 재테크 강의에 참석하는 사람은 많은데 부자의 길에 들어서는 이는 소수인지에 대한 비밀이 바로 여기에 있다.

나는 이어서 다른 전략인 '영감'이 효과가 더 오래간다는 걸 알았다. 하지만 **욕구와 열정이 상당하더라도 강력한 정체성, 자기 확신, 자존감이라는 토대가 없다면 어떤 전략도 사상누각에 불과하다.** 결국 단 한 차례의 파도에도 쉽게 무너져버릴 것이다.

사실 '지금 시작하고 나중에 완벽해지는 법'과 '자존감'을 주제로 책을 쓸 생각은 없었다(각각 『결단』과 『확신』으로 번역 출간되었다). 독자들이 성공한 기업인에게 으레 기대하듯, 나도 부동산과 레버리지와 돈을 주제로 한 책들처럼 방법이나 전략을 알려주는 책을 쓰고 싶었다. 하지만 10년 이상 수십만 명을 가르치고 지도해본 입장에서, 또한 혁신가, 기업가, 경력 사냥꾼, 부모, 새로운 삶을 꿈꾸는 사람 그리고 더 자주적인 사람이 되기 위한 내 여정에서 통상 그 길을 가는 데 방해하는 것들을 모른 척하고 지나가기 위해선 백치처럼 행동해야 했다. 어쩌면 스스로 그런 방해물을 인정하고 싶지 않았기 때문일 수도 있다.

어떤 물건을 살 때 할인을 받는 법을 사례로 들어 생각해보자. 상품 호가나 가치의 20~25퍼센트 정도를 할인받기는 당신의 생각보다 어렵지 않을 수 있다. 부동산 웹사이트에 매물로 올라와 있는 적절한 부동산을 하나 고른 다음에 공인중개사에게 전화를 걸어 부동산을 보기로 예약한 뒤 당신이 보는 모든 부동산마다 시가보다 30퍼센트 낮게 가격을 제시했다고 치자(물론 충분한 가격을 쳐주면 당장 계약이 성사될 것이다). 그런 다음에 가격을 올려 불러보자. 구매 가격을 25번 제시할 때마다 한 차례 계약이 성사되면 100번 제시할 때 4건을 계약할 수 있다는 뜻이 된다. 매년 100차례 가격을 제시하면 매년 시가보다 20~25퍼센트 낮은 가격에 4건의 계약을 체결할 수 있다는 계산이 나온다. 10년으로 치면 40건의 계약을 성사할 수 있다. 그렇게만 되면 당신은 경제적 '자유'를 찾게 될 것이다. 진짜 아주 쉬운 방법이 아닌가?

시계나 자동차, 신발, 여행 상품, 식료품, 문구류 등 무엇을 사든 이와 같은 방법을 쓸 수 있다. 그런데도 왜 쓰지 않는지 살펴볼 필요가 있다.

- 거절당하는 것에 대한 두려움
- 낯선 사람들 앞에서 바보처럼 보이는 것에 대한 두려움
- 매도자가 할인된 가격에 팔지 않을 것이라는 믿음
- 순탄치 않은 협상 과정 혹은 누군가를 당황하게 만드는 것에 대한 두려움

- 자신은 할인을 받아 돈을 아낄 자격이 안 되는 사람이라는 부정적인 생각
- 다른 누군가의 돈을 빼앗는 것 같은 느낌

낮은 자존감은 양동이에 난 구멍과 같다. 아무리 세일즈나 마케팅 전략을 훈련해도 마음의 구멍을 메우지 못한다. 단지 구멍 난 양동이에 더 많은 물만 쏟아붓게 될 뿐이다. 그것은 시간과 돈, 노력을 허비하는 아주 비싼 양동이가 된다. 사실 바쁜 척 꾸물거리고 진짜 중요한 문제를 회피하면서 뭔가 진척을 보이고 있다고 확신하는 게 편한 방법일 때도 있다. **그냥 양동이에 계속 물을 부으면서 언젠가 양동이가 채워질 거라고 막연히 기대하는 식이다.**

성형 업계는 사람들의 이런 허기진 마음을 이용해 돈을 번다. 사람들은 자신의 신체를 소중히 여기는 법을 배우지 못한 채 마음에 들지 않는 곳을 보강하는 데 거액의 돈을 쓴다. 그렇게 한다고 해서 지속적인 행복과 자기애가 생길 리 없다. 그저 더 많은 돈을 들여 성형을 하고 싶다는 중독만 심해지고, 일시적인 쾌락만을 추구하는 악순환이 일어날 뿐이다.

한편 소셜미디어에서 '좋아요'에 중독된 사람도 많다. 그들은 내면의 공허함을 채우기 위해서 다른 사람들에게서 응원받기를 갈구한다. 아무도 칭찬해주지 않거나 심지어 응원해주지 않으면

참지를 못한다. 누군가 자신이 올린 글을 비판하기라도 하면 자제력을 완전히 상실한다.

당신도 인정이나 사랑, 자존감을 얻으려고 잘못된 행동을 하고 있을지 모른다.

- 정말 좋아하지도 않는 사람들을 위해(또 그들에게 좋은 인상을 주기 위해) 감당하기 힘들 만큼 비싼 물건을 산다.
- 자신의 불안감을 감추기 위해 다른 사람들을 웃긴다.
- 자기 기분이 좋아지려고 다른 사람을 험담하고, 비판하고, 깎아내린다.
- 타인의 문제를 대신 맡아 처리해주는 순교자처럼 행동한다.
- 거절을 못 해서 불행해질 수 있는 상황으로 뛰어든다.
- 타인의 인정, 동의, 혹은 허락을 부단히 구한다.
- 어떤 비판에든 사사로운 감정이 개입되어 있다고 믿는다.
- 과도하게 사과하고, 불필요하게 비난한다.
- 비난하거나, 불평하거나, 자기 정당화를 한다.
- 조롱받을까 봐 두려워서 숨고, 뒤로 물러난다.
- 남들에게 '맞추기' 위해서 대세를 따르고, 충동적으로 생각을 바꾼다.

확신

자존감이 낮으면 얼마나 많은 돈을 벌려고 하든 실제로 얼마나 많은 돈을 벌든 그 돈을 계속 지키지 못할 것이다. 사업이나 투자 외의 다른 일도 마찬가지다.

- 아무리 타인을 웃기더라도 충분한 내적 만족감을 느끼지 못할 것이다.
- 아무리 타인을 험담하더라도 기분이 좋아지지 않을 것이다.
- 아무리 순교자 역할을 많이 하더라도 자신이 영웅처럼 느껴지지 않을 것이다.
- 아무리 타인의 부탁을 들어주더라도 남에게 인정받거나 스스로가 떳떳해지지 못할 것이다.
- 아무리 많은 인정이나 허락을 받더라도 기쁘지 않을 것이다.
- 아무리 많이 사과하더라도 자신을 용서하지 못할 것이다.
- 아무리 많이 비난하고 불평하더라도 결코 책임을 지지 못할 것이다.
- 아무리 많이 타인의 의견을 따르더라도 성과를 내지 못할 것이다.

얼마나 많은 사업 모델을 구상하든, 얼마나 늦게까지 야근을 하든, 얼마나 많은 체중을 감량하든 공허한 자존감을 채우지 못하면 결코 충족감을 느낄 수 없다.

내가 이 책을 쓴 이유는 이 책의 주제가 내가 지금까지 썼던 다른 모든 책들의 주제보다 훨씬 더 중요하기 때문이다. 부동산 투자, 기업가 정신, 자금 확보, 조직 관리, 파트너십, 육아, 경력, 성공, 행복 모두가 자기 자신에서 시작한다.

이 책은 내 전작들처럼 구체적인 실천 지침으로 가득하다. 그러면서도 더 보편적이고 더 많은 사람이 관심을 가져왔을 법한 주제를 다룬다. 모두가 부동산을 사거나 돈을 벌고 싶어 하는 건 아니다. 하지만 누구나 자기 자신에 대해 더 좋은 감정을 갖고, 자신이 갈구하는 모든 것보다 자신이 더 많은 가치가 있다고 느끼고 싶어 한다. 게다가 자기 가치를 확신하는 법을 모르면 결코 돈을 벌 수 없다.

내가 지금까지 나 자신과 벌여왔던 모든 싸움과 수천 시간 동안 다른 사람들을 상대로 코칭과 멘토링을 해가면서 쌓아온 경험이 이 책에 모두 녹아 있다. **당신의 자존감은 당신이 인생에서 하고, 되고, 갖고 싶은 모든 것의 초석이자 기반이 될 수 있다.**

이제 꼬았던 다리를 풀고, 눈을 크게 뜨고, 명상용 매트를 걷고, 이 책에 나온 대로 해보자!

내적 가치 vs. 외적 가치

밸류value와 워스worth는 모두 '가치'라는 뜻이지만, 같은 단어는 아니다. 이 책에서 '자존감'을 영어로 'self-value'가 아닌 'self-worth'라고 표기한다는 점에서 value와 worth의 의미론적 차이는 매우 중요하다. 보통 value는 '특정 시간에 개인적으로 중요한 의미를 갖는 것'이란 뜻으로 정의되고 사용된다. worth는 특정한 것의 '비용'이나 특정인의 '위대함' 내지 '경제적 지위'란 의미로 정의되고 사용된다.

worth는 개인적이고 내적인 가치이고, value는 그 내적 가치가 외적으로 발현되는 가치다. 그래서 자존감을 self-worth라고 하지

self-value라고 하지 않는 것이다. 돈, 집, 직업처럼 당신 내부가 아닌 외부에 있는 것들에 대한 가치를 표현할 때는 value를 쓴다. 당신의 가족과 경력이나 경험조차도 모두 당신이란 내적 존재의 외부에 있다.

- value는 외적 가치고, worth는 내적 가치다.
- value는 시장의 힘에 따라 결정되고, worth는 자신이 키운다.
- value는 성찰적 성격을 갖고, worth는 내재적 성격을 가진다.
- 두 단어 사이의 차이가 중요하다.
- 내적 가치가 의심 많은 외부인에 의해 휘둘려서는 안 된다.

value는 외적으로 투사하는 가치로, 내적으로 인식하는 가치인 worth를 토대로 제품이나 서비스에 부과하는 가격이다. 외적 가치는 바뀔 수 있지만, 내적 가치는 고정되거나 혹은 늘어나야 한다. **내적 가치가 낮거나 바뀌면 외적 가치도 그렇게 된다. 내적 가치가 낮을 때는 뭔가에 경쟁력이 있거나 비싼 가치를 매길 수 없다.**

자신의 외적 가치를 존중하면 내적 가치도 올라간다. 자신이 가진 외적 가치를 존중하지 않거나 깎아내리면 내적 가치는 줄어들거나 처음부터 존재하지 않게 된다. 이 책을 쓴 이유는 당신이 가치를 제대로 평가하여 다양한 목적을 이루기를 바라서다.

확신

- 내적 가치를 올바르게 인식해 자존감을 높여주기 위해
- 외적 가치를 제대로 인식하게 해주고 높여주기 위해
- 당신이란 존재를 가치 있게 여기게 해주기 위해
- 당신이 갖고 싶은 걸 더 많이 갖게 해주기 위해
- 당신이 간절히 되고 싶어 하는 사람이 되게 해주기 위해
- 당신의 값어치, 급여, 소득, 사업의 성과를 올려주기 위해
- 당신의 자존감이 훼손되었을 때 재평가를 도와주기 위해
- 실수와 그보다 더 심각한 잘못 사이의 중요한 차이점을 알게 해주기 위해
- 당신 삶에 적절한 사람을 끌어들이도록 도와주기 위해
- 잘못된 사람이나 일을 거절하는 용기를 갖게 해주기 위해
- 진정한 자존감을 평가할 수 있는 더 나은 정보와 의미를 갖게 해주기 위해
- 타인이 생각하는 당신이 아니라 당신 자신에게서 내적 가치를 얻게 도와주기 위해
- 의심, 걱정, 비교, 혹은 책망을 중단하게 해주기 위해
- 주변 사람이나 성공을 밀어내는 낮은 자존감의 함정에 빠지지 않도록 막아주기 위해

자신의 가치를 인정하지 못하면 다른 어떤 것에서도 가치를 찾

기 어려워진다. **내적 가치와 외적 가치는 근본적으로는 다르더라도 불가분하게 얽혀 영향을 미치며 서로를 보완해준다.**

물질적인 것에 외적 가치뿐만 아니라 심지어 내적 가치를 부여하기는 비교적 쉽다. 시장에서 가격을 결정하는 힘, 경쟁, 비교는 모두 뭔가에 구체적인 가치를 부여할 때 필요한 '준거 틀' 역할을 한다. 하지만 당신이 외적 가치에 부여하는 내적 가치는 바뀔 수 있다. 당신은 그것이 당신에게 가치가 없다고 판단하면 시장 가격보다 값을 낮춰서 사려고 할지 모른다. 반대로 그것이 당신에게 더 높은 가치를 선사한다고 판단하면 시장 가격보다 높게 주고서라도 사려고 할 수 있다.

당신의 자존감에 이와 같은 가치를 부여하기는 쉽지 않다. '당신' 이외에 다른 '당신'이 존재하지 않기 때문이다. '준거 틀'의 역할을 할 대상도 없다. 당신의 자존감의 가치를 매길 시장의 힘도 없다. 당신의 이미지나 역할에 관한 다양한 생각, 즉 자아상만 존재할 뿐이다. 자존감은 완전히 주관적이다. 그것은 실제로 존재하지 않지만 실제로 존재하는 것 같은 인식이다. 자존감이 낮은 게 당신 잘못은 아니다. **다만, 자존감을 높이려면 그것을 책임감 있게 관리하고 더 낫게 바꿔야 한다. 그리고 그렇게 할 수 있다.**

사람들은 흔히 외부에 있는 뭔가가 자신들을 구해줄 거라고 착각한다. 자존감을 해칠 수 있는 요인을 피하려고 많은 시간과 돈을 쓴다. 새로운 진로를 선택하고, 새로운 물건을 사고, 새로운 파트너를 사귀고, 새로운 옷을 구입하고, 새로운 지역으로 이사한다. 이러한 행동들은 어떤 것을 지속해서 의미 있게 바꿔놓지는 못한다. 다만 이런 행동이나 노력이 주는 일시적인 안도감에 중독되는 결과만 생길 수 있다. 일시적인 쾌락이 찾아들 때마다 매번 복잡하고 심각한 문제가 드러난다.

그런 모든 주변적인 방심과 기만에서 벗어나야 한다. 이 책은 당신이 정말로 가치 있는 존재란 느낌을 받을 수 있는 경지에 도달하게 도와줄 것이다. 자존감이 높거나 낮거나 둘 중 하나라는 일반적인 생각과 달리 사람들은 좋은 관계를 맺거나 성취했거나 제대로 성장해온 특정한 삶의 영역에서는 자존감이 높다. 하지만 의절했거나, 실패했거나 혹은 부모나 사회의 영향을 제대로 받지 못한 영역에서는 자존감이 낮다.

한편 이 책에서는 전반적인 자존감이 역대 최저처럼 느껴지지 않는 누구라도 겁을 줄 생각이 없다. 이 책이 일반적으로 자신감과 자존감이 낮은 사람에게 도움이 되겠지만, 억만장자처럼 엄청난 부자가 되고 싶은 백만장자처럼, 자존감을 전반적으로 높이고 싶은 누구에게라도 유용할 것이다. 혹은 과거에는 카리스마와 자신감이 있었지만 어떤 일을 계기로 그것을 잃어버린 것 같은 느낌을 받는 사람이나 혹은 많은 영역에서 자존감이 높지만 낮선 영역에서는 자존감이 느껴지지 않는 이유를 이해할 수 없는 사람에게도 역시 유용할 것이다.

당신이 가치 있는 사람처럼 느껴지지 않는다는 이유로 무가치한 사람이 되는 건 아니다. 한 번 혹은 여러 번 실수했다고 해서 실패자가 되는 건 아니다. **인생의 한 영역에서 자존감이 낮다고 해서 인생의 모든 영역에서 낮은 자존감을 느껴야 하는 건 아니다.** 당신이 자신의 가치를 최대한으로 인정하지는 못하더라도 당신은 당신이 생각하는 것 이상으로 훨씬 더 가치가 있는 사람이다.

나의 가치를
계량할 수 있을까

가치를 평가하는 방법은 하나뿐이다. 다른 뭔가와 비교해보는 것이다. 아무것도 없는 상태라면 준거 틀이나 비교 대상을 찾기가 힘들어 가치의 개념이 존재할 수 없다.

검은색과 비교할 수 없다면 흰색이 흰색이란 걸 어떻게 알겠는가? 고통과 비교할 수 없다면 쾌락을 어떻게 알겠는가? 부의 개념을 알거나 이해하지 못한다면 가난을 어떻게 알겠는가?

이러한 비교 틀은 외적 가치를 매기는 데 매우 유용하다. 이 틀은 가치나 가격, 상대적 효용을 쉽고도 빠르게 비교할 수 있게 해준다. 이를 통해 시장 가치를 확인할 수 있다.

당신은 어떤 것을 실제 가치보다 적은 돈으로 샀다고 느낄 때 그것을 싸게 샀다고 생각한다. 반대로 실제 가치보다 더 많은 돈을 내고 샀다고 느낄 때 속았다고 느낀다. 당신이 상대적 가치를 알고 있을 때에만 이런 느낌을 받을 수 있다. 이러한 가치 역시도 주관적이다. 당신은 뭔가가 시장에서 평가되는 것보다 당신에게 가치가 없다고 판단할 때 그것에 시장 가치보다 더 낮은 돈을 지불할 수 있다. 반대로 뭔가가 시장 가치보다 더 높은 돈을 지불할 가치가 있어 보일 때 그런 돈을 지불할 수도 있다.

1979년도에 태어난 나는 시계광이다. 내가 가장 소중하게 생각하는 시계는 1979년에 제작된 '롤렉스 데이토나$^{Rolex\ Daytona}$'다. 애당초 굉장한 명품이지만, 내가 태어난 해에 제작돼 나와 나이가 같은 시계라는 점에서 내게 이 시계의 가치는 그것의 시장 가치를 넘어선다. 게다가 이 시계를 내 아이들에게 물려줄 예정이다. 그러면 내게 시계의 가치는 더 높아질 것이다.

이것은 외적 가치의 성찰적이고 주관적인 성격이다. 당신의 내적 가치에도 똑같은 방식으로 가치를 부여할 수 있다. 당신은 어떤 것에 비해 상대적으로 높거나 낮게 자신의 가치를 매길 수 있다. 자신을 다른 사람이나 과거의 자신이나 미래에 되고 싶은 자신과 비교할 수 있다. 또 사회나 미디어가 만든 잣대를 비롯해 완

확신

벽주의자 콤플렉스나 사기꾼 증후군^{impostor syndrome}〔성공한 사람이 자신은 운이나 속임수로 성공했다며 불안해하는 심리〕의 렌즈를 통해 규정된 이상적인 인물과 비교할 수도 있다.

하지만 시장은 감정이 없다. 수요와 공급, 경쟁, 규제 등과 같은 힘만 갖고 있을 뿐이다. 반면에 당신은 시장보다 훨씬 더 복잡하고 큰 영향력을 갖는다. **당신이 자존감을 시장에서처럼 계량화해서 평가하고 관리하는 데 도움을 줄 새로운 도구를 제공하는 게 내 목표다.** 물론 이미 당신 안에 있는 것에서 찾을 수 있다. 즉 타인과 비교하거나 외부에서 영향을 받기보다 내부적으로 자극을 받도록 당신이 세운 기준으로 비교하게 해줄 것이다.

잘못된 비교를 하지 않는 것만으로도 자신을 더 가치 있고 소중하게 느끼게 될 것이다.

- 당신과 타인 사이의 (불리한) 비교
- 자신이 마땅히 있어야 한다고 생각하는 위치와 현재 자신의 위치를 비교
- 주류 및 소셜미디어의 이미지에 영향을 받기
- 과거에 일어난 일을 다른 사람의 탓으로 돌리며 비난하기
- 정신적 지지자로서 자격이 없는 사람들에게서 영향받기

- 좋아하지도 않는 사람을 위해 당신과 맞지 않는 사람이 되려고 애쓰기
- 뭔가를 받을 자격이 안 된다거나 모두 빼앗길지 모른다고 믿거나 과거에 저지른 잘못이 드러날까 봐 걱정하기
- 자신이 누군지에 대해 다른 사람이 떠드는 말에 영향을 받기

당신의 자존감에 도전하는 모든 상황을 지금 당장 점검해보라.

자존감은
미스터리가 아니다

당신의 '내적 가치'와 '가치' 그리고 '당신이 가치 있게 여기는 것'은 모두 주관적으로 평가된다. 당신이 가치 있게 여기는 것은 당신의 가치에 따라서 결정된다. 당신의 가치는 당신이 인생에서 가장 중요하다고 믿는 개인적이면서 아주 특별한 것들이다. 달리 말해 당신이 살아가고 행동하는 기준이자 당신의 믿음과 행동을 이끄는 원칙이다.

당신의 가치는 전적으로 특별하다. 당신 자체가 특별하기 때문이다. DNA, 게놈, 신경학, 가치론 등 많은 과학적 연구에 따르면 어떤 인간도 똑같지 않다. 심지어 일란성 쌍둥이도 마찬가지다.

이 문제를 본격적으로 논하기에 앞서, 개인으로서 당신이 가진 '특별함'을 뒷받침해보려고 시도하더라도 불필요하게 과학적 이론에 파묻히지 않도록 주의하라는 말을 해주고 싶다. 내가 당신에게 입증하려는 것, 즉 당신이 가진 특별함을 마음에 새기는 것이 훨씬 중요하다.

- 우리 모두 아주 특별하므로 우리가 이 세상에서 최고다.
- 우리 모두 사회에 꼭 필요한 존재로, 특별한 가치를 갖는다.
- 천재를 최고의 인재라고 본다면 당신도 천재다.
- 우리 모두 같은 가치를 지니므로, 우리의 자존감이 그런 가치를 뒷받침해줘야 하고, 또 그럴 수 있다.
- 우리에게는 높은 자존감을 갖는 한편, 비교 대상을 갖지 않을 이유가 충분하다.

어떤 인간도 DNA나 유전자 구조가 똑같지 않다는 사실이 널리 인정받고 있다. 온라인 간행물인 '게놈뉴스네트워크Genome News Network'에 따르면 당신과 다른 사람의 게놈이 99.9퍼센트 일치하더라도 300만 개 이상의 차이점이 존재한다. 과거에는 일란성 쌍둥이의 유전자 구조가 정확히 일치한다고 여겨졌지만, 최근 조사 결과를 보면 그들의 유전자 구조조차 정확히 일치하지는 않는 것

확신

으로 드러났다.

스탠퍼드대학교 의대와 예일대학교의 연구에 따르면 인간의 개성과 특별함을 만드는 열쇠는 우리 유전자를 감싸고 있으면서 통제하는 '배열sequences'에 달려 있다. 이러한 배열과 '전사 인자transcription factor'라고 불리는 핵심 단백질 집단 사이의 상호작용이 사람들 간에 상당한 차이를 보이면서 외모나 발달 정도는 물론 특정 질병에 걸리는 경향에도 영향을 줄 수 있다. 따라서 유전적으로 우리는 모두 다르다.

가치론은 말 그대로 가치에 대한 학문이다. 가치론을 뜻하는 영어 단어 'axiology'는 '가치 있다'라는 뜻의 그리스어 악시오스axios와 '학문'이라는 뜻의 로고스logos에서 나왔다. 가치론은 가치와 가치 평가의 성격을 이해하고, "왜"와 "어째서"로 시작하는 질문들에 대한 답을 찾으려고 한다. 특히 행동의 동기를 이해하려고도 한다. 인간과 다른 생명체 사이의 차이점은, 인간은 자기보존보다 가치를 더 중요하게 생각한다는 데 있다. 인간은 아름다움, 진실, 사랑의 의미에 가치를 두고, 그것을 이해하려고 노력한다. 이러한 가치를 '영적 가치'라고 부른다. 어떤 사람도 정확히 똑같은 유전자를 갖지 않았다는 점에서 누구도 같은 것에 정확히 똑같은 정도로 가치를 부여하지 않는다.

신경학과 두뇌학은 우리의 뇌가 다른 사람들과 정확히 똑같은 상황에서도 아주 다르게 반응한다는 사실을 보여줬다. 서던캘리포니아대학교 과학자들은 학생들의 뇌를 스캔해서 음악이 뇌에 어떤 영향을 미치는지를 연구했다. 연구에 참여한 학생들 절반이 음악에 강렬한 반응을 보였지만, 나머지 절반은 그런 반응을 보이지 않았다. 연구 결과 학생마다 음악에 대한 반응이 서로 달랐고, 모든 학생의 뇌에 자신을 특별하게 만드는 완전히 다른 분자가 있다는 사실이 밝혀졌다.

이러한 유전학, 신경학, 가치론 외에도 성장 과정, 문화, 미디어, 인간관계, 사회적 영향을 함께 고려해보면 다른 사람과 똑같아지기가 얼마나 어려운지를 쉽게 알 수 있다. 우리는 모두 완전히 특별하면서 유일한 존재로 만드는 아주 특별한 유전자 구조를 갖는다. 이는 아주 특별한 기적 같은 일이다. 우리가 서로 같을 확률은 얼마나 될까? 『5초의 법칙』의 저자 멜 로빈스Mel Robbins에 따르면 그 확률은 '400조 분의 1'에 불과하다.

자존감이 낮을 때는 이런 사실을 쉽게 망각한다. 자신이 정말 특별한 존재라고 느끼고, 통계적 기적이 존재한다는 데 감사하기보다는 매일 일어나는 크고 작은 사건과 다른 사람의 말에 휘둘려 쉽게 상처받고 고통을 느낀다. 기껏해야 자신이 쳇바퀴를 도는 햄스터 같다고 느끼기 일쑤다. 그러면 생각은 닫히고, 사고의 폭은 좁아진다. 또 타인의 평가에 골몰하거나 우리에게 도움이 되지 않는 것이나 진짜 자신의 모습에 어울리지 않는 것들을 믿기 시작한다. 나아가 이런 잘못된 인식이 자존감을 갉아먹게 내버려 둔다. 자신의 가치를 실현하지 않고 좌절해버린다. 단, 이는 자기 존재에 가해지는 모든 위협을 상대하던 중에 무의식적으로 일어난다.

인식적이고 감정적인 측면 모두에서 자신이 특별하다고 여겨야 자존감이 생긴다. 하지만 **자존감을 높이기 위해 특별해질 필요는 없다. 그저 당신이 특별하다는 사실만 명심하면 된다.**

나는 우리 모두 어떤 목적이 있어서 특별한 존재가 되었다고 믿는다. 우리가 특별한 존재가 된 주요한 이유는, 우리 인간이란 '종'이 가진 상호 의존적 성격과 연관된다. 우리는 생존하기 위해 서로 의지해야 한다. 당신이 일상적으로 필요로 하는 모든 것들은 제삼자에 의해 만들어졌다. 소비하는 모든 것이 그렇다. 당신이 창조하거나 생산하는 것들은 다른 사람이 소비한다. 모두가 그렇게 가치를 주고받는다. 이것은 섬세하고, 우아하고, 멋진 균형이다. 누구나 같은 것에 동일한 가치를 부과하면 생존에 꼭 필요한 모든 영역에서 도움을 주고받지 못할 것이다. 우리가 특별하지 않다면 모두 똑같은 일을 할 것이고, 다른 일을 하는 사람이 없어질 것이다.

나는 과학과 진화론보다는 당신에게 더 관심이 많다. 하지만 우선 당신은 자신이 특별한 존재임을 확신해야 한다. 당신은 다른 어떤 사람만큼이나 특별한 존재다. 당신은 당신다워야 한다. 당신이 가진 강점과 약점, 재능과 분투, 실수와 불완전함이 모두 특별하다. 이를 믿어야 그런 특별함이 당신에게 얼마나 큰 혜택과 가치를 주는지를 알아볼 수 있다.

이제 당신 안에 있는 '특별함'을 발견하는 방법을 찾아내는 게 당신의 첫 번째 도전이다. 그런 특별함이 없다고 생각하는 사람이 많다. 또 **특별함을 다른 사람에게만 있거나 타고나는 것 또는 미스터리로 간주해버린다. 하지만 그건 잘못된 생각이다. 특별함은 이미 당신 안에 있다.**

다음으로 당신은 그런 특별함을 온전히 자기 것으로 만들어야 한다. 잠재된 가치를 이끌어내어 세상에 보여줘라. 원한다면 돈으로 바꿔라. 이 책의 독자가 된 걸 환영한다. 6장에서 당신만이 가진 특별함을 금전적 형태로 바꾸는 방법을 살펴보겠다. 사실상 당신은 이미 마음이 부자다. 당신은 백만장자 부모나 억만장자 요가 강사나 요리사가 될지도 모른다. 억만장자는 당신이 지금 의심하는 것처럼 타고난 사람이 아니라, 그들 자신의 가치와 특별함을 금전적 형태로 전환한 사람들이다. 물론 당신도 충분히 할 수 있다.

이쯤 얘기했을 때 보통 독자들이 나를 떠난다. 그들은 자신의 가치, 특히 기술적 가치를 돈으로 더 쉽게 전환하는 사람이 따로 있다고 생각하기 때문이다. '부동산 중개사나 기술자들은 가치를 전환하기 쉽겠지만 별다른 기술이 없는 나는 어쩌지?' '내가 뜨개질을 하거나 핫도그를 파는 기술만 갖고 백만장자가 되기는 힘들지 않을까?'라고 생각한다. 정말 그럴까?

프랭크 워런Frank Warren은 '포스트 시크릿Post Secret'이라는 프로젝트를 시작하면서 사람들에게 엽서에 비밀스러운 고민을 적어 보내달라고 부탁했다. 고민을 다른 사람들과 공유하게 하여 치유를 도우려는 목적이었다. 워런은 이렇게 해서 모은 다른 사람들의 비밀을 책으로 냈는데, 그 책이 베스트셀러가 되면서 백만장자가 되었다. 책 제목은 『비밀엽서』였다.

학생이었던 앨릭스 튜Alex Tew는 학비를 마련할 방법을 찾아야 했다. 그는 홈페이지를 만들고, 그 홈페이지를 구성하는 100만 화소를 블록 단위로 100달러씩 받고 팔았다. 쉽게 말해, 홈페이지 화면을 100개의 작은 광고 공간으로 나눠서 판 것이다. 그는 불과 몇 달 만에 100만 달러를 벌었다.

평범한 가정주부였던 킴 라빈^{Kim Lavine}은 '우빗^{Wuvit}'이라는 베개를 고안했다. 전자레인지에 데울 수 있는 이 베개는 그녀의 인생을 180도 바꿔놓았다. 베개를 만들기 전에는 남편이 직장을 잃어서 가계 수입이 전혀 없었다. 하지만 사업을 시작한 지 8개월 만에 25만 달러 가까이 벌어들였다.

이와 유사한 사례는 얼마든지 있다. 이것들은 단지 우리가 인생에서 가장 크게 가치를 두는 것에 최대한 집중해야 한다는 걸 보여주는 사례일 뿐이다. 당신도 열정, 직업 등 최고로 가치를 두는 분야를 통해 돈을 벌 수 있다.

간단히 먼저 짚어보자면, 자신만의 전문 분야를 찾아 연구하면서 자신에게만 있는 특별함을 찾아라. 자신이 가치 있게 여기는 특별한 열정이나 직업을 통해 개성을 표현하라. 이를 실천한 사람들은 자신들이 가치 있게 여기는 것을 다른 누군가가 가치 있게 여기는 것으로 전환함으로써 그들이 가진 특별함을 돈으로 바꾸었다. 당신도 그렇게 할 수 있다.

물질적이건 정신적이건 당신에게 어떤 것의 가치는 그것이 당신에게 긍정적인 감정을 줄 수 있느냐에 따라서 결정된다. 행복감이나 성취감처럼 긍정적인 감정은 그런 느낌을 갖게 해준 대상을 가치 있다고 인식하게 한다. 그렇다면 **자신에게서 이런 감정을**

확신

많이 느낄수록 자존감은 더 높아진다. 나아가 자신뿐만 아니라 타인에게도 가치 있는 일들을 추구하게 하는 선순환의 고리를 만들어낸다.

당신은 특별하기에 가치를 평가하는 당신만의 특별한 방법을 갖고 있다. 가치에 대한 판단이 누구에게나 주관적인 이상, 당신에게도 주관적이다. 따라서 자신의 가치와 자신에게 가장 중요한 가치를 타인에게 투영한다. 이는 타인이 당신을 더 좋아해주고 당신의 의견에 더 동의해주기를 바라서다. 하지만 사람들은 당신이 아닌 그들의 기준에 따라 평가한다. 그래서 자존감은 타인이 우리를 어떻게 생각하고, 당신에게 어떤 가치를 부여한다고 생각하는지에 따라서 높아지거나 낮아지기 쉽다.

하지만 강력한 자존감은 당신이 무엇에 가치를 두고 있으며, 당신이 얼마나 가치 있는 존재인지를 알 때 비로소 생겨난다.

자존감은
바뀔 수 있다

자존감의 구체적인 출처를 찾아낼 수 있다면 자존감을 쌓아갈 귀중한 정보를 얻을 수 있다. 살면서 당신에게 이런저런 자존감을 쌓도록 영향을 끼쳐온 사건이 수만 개쯤 될 것이다. 상당수는 성격이 형성되는 어린 시절에 등장하지만, 살면서 겪은 중대한 (감정적인) 사건들 역시 적지 않다.

당신이 개선하길 원하는 낮은 자존감뿐만 아니라 모델로 삼고 싶은 강력한 자존감 역시 어디서 기원했는지를 아는 게 중요하다. 자존감은 주변에서 일어나는 사건에 대한 당신의 인식에 따라 늘기도 하고 줄기도 하며 변한다. **이는 마치 완충 표시였다가 막**

확신

대기 표시 하나까지 내려간 뒤, 방전 직전에 다시 완충 표시로 바뀌는 배터리 수명과 같다.

자존감이 기원하는 주요 영역들이 있다. 이 영역들은 어떤 사건이 당신을 형성한 진실이라고 믿게 한다. 하나가 영향을 줄 수도 있지만, 다수가 복합적으로 영향을 줄 수도 있다. 당신에게 영향을 준 영역이 무엇인지 표시해보라.

- 어린 시절과 육아(부모, 보호자, 이혼)
- 사회와 문화
- 학교 교육(교사, 성적, 동창, 학력 또는 학벌)
- 사랑(부모, 가족, 친구, 특히 어렸을 때 받거나 받지 못한 사랑)
- 동료와 사회단체(권위적 인물과 당신의 비교)
- 언론매체의 기준
- 신체 이미지(용모, 식습관, 동료와 사회의 잣대)
- 개인적 성취(혹은 실패)
- 재정 상태(양육, 배금주의, 지위)
- 성적·낭만적 경험과 관계
- 트라우마, 학대, 괴롭힘, 중독, 무질서
- 강력한 감정적 경험과 사건(긍정적·부정적)
- 거절이나 비판의 경험

- 잘못된 결정을 내린 데 대한 죄의식과 부끄러움
- 기대나 비교의 경험
- 자기 대화(위에 나온 모든 것을 자기에게 설명하는 방법)
- 타인이 당신에 대해 하는 말

당신에게 영향을 준 사건이나 영역이 안락감과 위협감 중 어떤 의미를 주든 당신의 자존감과 자신에 대해 느끼는 감정 모두에 영향을 준다.

어린 시절에 발달하는 '자아 개념'은 사람들이 자신을 규정한 다고 믿는 특성, 능력, 태도, 가치로 구성된다. 심리학자인 다리오 크벤첵Dario Cvencek에 따르면 자존감은 아기 때부터 생기는데, 이르면 5세에 보다 확실한 감각을 가질 때까지 점진적으로 발전한다.

아이가 안전하고, 사랑받고, 인정받는다는 느낌을 받으면 자존감이 생길 수 있다. 장기 기억이 발달하면서 아이는 과거의 경험을 회상하는 자아인 '기억하는 자아remembered self'를 갖는다. 사람들은 보통 한 시간의 기억을 그대로 기억하는 것이 아니라 인상적이었던 장면들만 압축해서 기억한다. 이때 기억하는 자아가 꺼내 보는 기억을 '자서전적 기억autobiographical memory'이라고 한다. 이 과정에서 개발되는 '내적 자아'는 아이가 다른 사람들에게 그들의 생각을 알리지 않는 한 누구도 알 수 없는 개인적 생각, 느낌,

욕구를 토대로 형성된다.

이렇듯 자존감이란 어릴 때부터 '현실 인식'이 형성될 때까지 아주 천천히 조금씩 만들어진다. 당신은 주변 사건과 사람들에게 부여하는 의미를 자신의 자존감을 높여주는 현실로 만든다. 영향력이 훨씬 더 큰 또 다른 사건이 일어나지 않거나 혹은 과거에 부여했던 의미를 찾아내서 그 의미를 바꿔놓으려고 하지 않는 이상 '현실'은 줄곧 진실로 여겨진다. 당신이 과거에 만들어놓은 의미와 미래에 대한 개념의 차원 모두에서 당신의 현실은 충분히 수정 가능하며, **당신의 자존감 역시 바뀔 수 있다.**

한 단계씩 그리고 한 사건씩 자존감을 형성한 사건과 사람들이 생긴 곳으로 되돌아가보라. 이 책에서는 당신이 더 강력하고 흔들리지 않는 자존감을 쌓을 수 있는 새롭고도 더욱 균형 잡힌 증거와 토대를 제공하기 위해 과거 사건의 의미를 새롭게 인식할 수 있는 방법을 알아보겠다. 하이파이브나 박수나 포옹은 불필요하다. 그냥 동의만 해주면 된다.

낮은 자존감의
놀라운 쓸모

자존감과 자부심은 대개 이렇게 정의된다.

- **자존감:** 자기 자신의 가치나 능력에 대한 평가나 믿음
- **자부심:** 자기 자신의 가치나 능력에 대한 자신감. 유사어는 '자존심'

자존감의 정의는 학자에 따라 다양하지만, 여기에서 개념이 먼저 분명히 정의되어야 관리하기가 쉽다. 자부심은 자신의 행동 원칙을 지키고 어기지 않으면 생긴다. 당신이 자신의 가치나 도

확신

덕적 행동 수칙을 어겼을 때는 스스로 분노, 좌절감, 죄의식, 혹은 부끄러움을 느끼고 쥐구멍에라도 들어가고 싶어질 것이다.

물론 "그렇게 하지 말라"라고 말해준 다음 얼른 다른 주제로 넘어갈 수도 있을 것이다. **하지만 그건 돈이 없어서 고통을 받는 사람들에게 "버는 것보다 적게 써라"라고 말해주는 것과 차이가 없다.** 논리적으로 봤을 때는 그것이 확실하고 쉬운 방법 같지만, 감정적으로든 실제로든 그렇게 하기는 쉽지 않다.

어떤 문제 상황이 일어난 배경이나 이유를 찾을 때는 거꾸로 된 방향에서 찾아보는 것도 중요하다. 바로 '반대 이유 anti-reason'를 찾아보는 것이다. 아내와 대화하던 중 인스타그램에 올라온 비난과 욕설을 보게 되었다. 몇몇 사람이 유명 인사를 무차별적으로 공격하고, 욕하고, 깎아내리고, 비난하고 있었다. 아내는 "이 사람들이 대체 무슨 잘못을 한 거지?"라고 물었다.

나는 이때 그들이 아무 잘못도 하지 않았다고 가정하고 반대 이유를 생각해보았다. 우리는 종종 다른 사람이나 상황을 비판하거나 비난한다. 특히 자신의 가치에 반하는 일이라면 그것을 거부하고 그에 맞서 싸운다. 그러면서 자신이 비난하는 사람들만큼 잔혹하거나 공격적으로 변한다.

우리 모두 다른 사람들에게 상냥하게 굴면 안 될 이유가 없다고 믿는다. 나도 대개는 상냥해야 한다고 생각하지만(사람들이 나를 비난할 때 더 그런 생각을 한다!), 자신에게 타인을 비난할 권리를 주지 않는다면, 결과적으로 우리가 추구하는 '최고의 이익'에 도움이 되지 않을 것이다. 아무것도 되는 게 없어지기 때문이다. 도전을 통해 성장할 수도 없어진다. 진화도 이루어지지 않고, 종의 생존도 위기에 빠질 것이다. 반대로, 지나치게 이기적이거나 탐욕스러워지거나 공정함을 잃게 되는 것 역시 막지 못할 것이다. 비판자들은 우리가 균형을 잡게 해준다. 즉 우리를 정신적으로 고양시켜 우리가 더 나아지도록 도와준다.

지나치게 많은 도움 아니면 지나치게 많은 도전을 받아 균형을 잃게 될 때마다 우리는 다시 균형을 찾는 데 필요한 피드백이나 해결책을 얻게 될 것이다. 물론 늘 반길 만한 일은 아닐지라도 항상 필요한 일일 수는 있다.

이렇게 생각해보자. 모든 게 술술 풀리던 중에 느닷없이 누군가로부터 공격받은 적이 있는가? 이제 일이 막 잘 풀리기 시작했을 때 아주 안 좋은 일이 일어난 적은? 반대로, 정말로 어렵게 생활하던 중에 혹은 일이 언제 잘 풀릴지, 정말로 잘 풀릴 수 있을지 걱정하던 중에 뜻밖의 일이 일어나거나 누군가가 당신을 정신적으로 고양시킬 만큼의 지원을 해준 적이 있는가?

바로 이런 시소와 같은 원리, 즉 음양의 '균형을 잡는' 행동이 자존감과 관련해 일어난다. 모든 것에는 균형을 잡으려는 성질이 있고 균형이 잡힌 이점과 단점이 존재한다. 단지 충분히 자세히 보려고 하지 않기 때문에 단점 속에서 장점을 보지 못할 뿐이다. 인생을 배터리로 보면 항상 완충과 방전을 반복한다.

높은 자존감의 장점은 분명하지만, 거기에는 그 균형을 잡아주는 단점도 있다.

- 건방짐, 오만함 혹은 자만심
- 감정이입이나 공감 능력의 부족
- 역효과를 불러오는 위험한 행동
- 단점에 대한 자각 부족
- 과신으로 인한 계획과 준비의 부족
- 학습과 성장의 멈춤 또는 지연
- 비판, 경고, 유용한 피드백 무시
- 일 처리 과정에서의 혼란과 지장

역설적으로 낮은 자존감에는 놀라운 이점이 많다.

- 부단히 배워서 좋은 학생이 되고 싶게 만들 정도로 당신을 겸손하게 만들 수 있다.
- 위험하거나 무모하거나 목숨이 걸린 결정과 행동을 하지 못

하게 막아준다.

- 당신을 응원해줄 멘토와 지지자를 모아준다.
- 기대감을 낮춰 실패나 '비교의 저주'에 따른 충격을 최소한으로 줄여준다.
- 많은 사람에게 호감을 살 수 있는 겸손함을 지닐 수 있다.
- 타인의 시각과 조언에 더욱 마음을 열 수 있다.
- 성장과 발전에 도움을 줄 비판과 피드백에 집중하게 해준다.
- 더 열심히 일하면서 요행이나 공짜를 바라지 않게 해준다.
- 투자나 품질 관리 등 특정 분야에서 꼭 필요한 비판적이고 회의적인 시각을 갖게 해줄 수 있다.
- 자신의 한계를 의식하게 해 자만심을 갖는 것보다 훨씬 더 많은 이점을 얻을 수 있다.

인생의 많은 영역에서 이런 경험을 해보는 게 필요하다. 아직 인정받거나 성취하지 못한 영역에서 느끼는 낮은 자존감도 실은 큰 쓸모가 있다. 그런 자존감은 당신이 먹이를 찾아 집단으로 이동해 다니다가 많은 수가 한꺼번에 죽기도 하는 '나그네쥐'처럼 되지 않게 막아준다. 그것은 인류가 공정하고 평등한 거래 속에서 도움을 주고받으며 상호 의존하게 해줌으로써 인류의 완벽하고 조화로운 균형을 보장해준다.

부연하자면, 가치가 없는 영역에서 우리의 자존감이 낮아야 해서는 안 되는 일을 하지 않게 된다. 게다가 당신이 자존감이 낮은 영역에서 또 다른 재능이나 혹은 균형이 주는 이점을 발견할 수도 있다. 그러니 **낮은 자존감에 연연하기보다는 감사하는 것이 좋다. 낮은 자존감의 필요성을 깨닫는 순간 당신은 자유로워진다.**

보다 근본적인 차원에서 낮은 자존감은 일종의 방어기제로서 사실상 우리의 생존에 중요한 역할을 한다. 우리가 뛰어나거나 소중하지 않다는 인식은 어린 시절 가졌던 무기력과 자포자기의 느낌에 대한 방어기제로서 개발된다. 대개 무시당했다고 생각하는 곳에서 이러한 감정이나 사건들에 대응하기 위해 애쓰면서 자존감을 낮춘다. 역설적이게도, 낮은 자존감은 우리에게 부모의 이혼, 학대, 퇴짜, 혹은 애정 결핍 같은 상황이 벌어졌을 때 일종의 통제감을 부여한다. 무기력감도 완화해준다. 자신이 잘못했고, 사랑받을 자격이 없다고 스스로에게 세뇌함으로써 문제 상황을 자신이 통제하고 있다는 듯한 착각에 빠진다. 즉 타인을 대신 처벌함으로써 더 심한 보복과 배척, 또는 애정 결핍을 유발할 위험을 감수하기보다는 자기 자신을 탓하는 쉬운 방법을 택한다.

나는 인생의 모든 영역에서 높은 자존감이 필요하다고 주장하려는 것이 아니다. 사실상 많은 영역에서 낮은 자존감을 유지해야 한다. 일례로 요가 수업을 들을 때는 자존감이 땅바닥으로 떨어진다.

몸에 딱 붙는 타이츠를 입은 나를 아무도 못 봤으면 좋겠다. 난생처음 비틀거리는 다리로 걸어보려 애쓰는 새끼 기린을 상상해보라. 요가 자세를 취할 때 내 모습이 바로 그렇다.

당신의 모든 약점을 극복하라는 조언을 들을 때 주의하라. 그보다는 당신의 가치에 긍정적인 영향을 미치는 영역에서의 약점부터 해결하라. 비전을 성취하는 데 꼭 필요하지 않은 다른 모든 것은 그대로 내버려 둬라. 자존감이 낮은 영역이 당신의 기술과 가치만큼이나 당신을 특별하고 비범한 천재로 만들어준다. 낮은 자존감을 인정하고 명예 훈장처럼 달고 다녀라.

학교에서 가르쳐주지 않은 더 중요한 것

학창 시절, 중등교육 자격시험을 앞두고 성적 우수반에 배정되어 특별 과목으로 '지리학'을 배웠다. 장담하건대 내 평생 그 수업에서 배운 지리 정보와 기술을 유용하게 사용해왔다. 목적지를 찾을 때는 물론, 대인 관계(심지어 육아!)를 비롯해 사업이나 투자 등 다양한 영역에서 지리적 재능을 구현하고 활용할 기회가 있었다. 이렇게 중요한 인생의 기술을 배우지 못했다면 지금처럼 치열하게 경쟁하는 세상 속에서 어떻게 살아남았을지 모르겠다.

이렇듯 학교에서 배우는 일부 과목은 유용하고 살면서 어느 정도 필요하다. 하지만 학교에서 가르쳐주지 않은 것이 더 중요할 때도 있다. 우리는 학교에서 삶에 도움이 될 만한 여러 기술과 전략을 배우지만 우리 자신에 관해서는 배우지 않는다. 우리 밖에 무엇이 있는지에 대해 배우지만 우리 안에 무엇이 있는지에 대해 배우지 않는다. 내가 다녔을 때와 지금의 학교는 달라졌을 수 있지만, 나는 나처럼 특별하고 복잡하며 혼란스러운 존재를 이해하는 방법을 배운 적이 없다. 내 감정을 이해하고 관리하고 통제하는 방법이나 자아 인식, 자신감 또는 자존감에 대해 결코 배운 적이 없다. 그때 그런 것들이 과연 필요 없었을까? 10대 청소년이라면 더욱 그런 교육을 받았어야 하지 않을까?

사실 대부분의 어른도 마찬가지 아닐까?

무지가 행복은 아니다. 그냥 무지일 뿐이다. 당신은 당신이 무엇을 모르는지조차 모른다. 당신은 자아 인식이 중요하며 현실이 수시로 변화한다는 점을 모른 채 비싼 학비를 냈다. 거기서는 단지 생활에 필요한 기술만을 약간 배울 수 있었을 것이다.

이런 교육 방식은 바꿔야 한다. 하지만 국가적 혹은 세계적 차원에서 그런 변화를 모색하는 방법은 다른 책들의 역할일 것이다. 지금은 부탁인데, 당신이 직접 자신의 변화에 책임을 져라. 자존감에 투자하라! 현실은 고정되어 있지 않다. 당신이 자라온 환경과 유전자 따위가 당신이 되고 싶은 사람을 정의할 필요가 없다.

확신

자아 인식과 자존감은 분명 당신 개인의 발전을 위한 최고의 투자처임이 틀림없다. 전략과 경제 이론은 잠깐 생겼다가 사라졌다 하지만 당신은 평생 당신과 함께 머물 것이다. 당신은 이 책을 읽고 있다. 당신이 부자가 될 상이라면, 내 책을 끝까지 읽고 당장 가치를 실천하지만, 빈자로 머물 상이라면 이 책을 읽고도 머뭇거릴 것이다. 당신에게 부자와 같은 자기 확신이 있는가?

지금 여기는 당신이 시작하기에 위대한 장소다. 그러니 자신에게 감사하라.

PART 2

부정적
자기 인식이라는 덫

· 제2원칙 ·

자기 가치를 스스로 저평가하지 말라

자신에게 어떤 딱지를
붙일 것인가?

자신에게 하는 말과 자신을 대하는 방식이 당신을 정의한다. 특히 당신에게 영향력을 미치는 사람들이 당신에게 어떤 딱지를 붙이느냐에 따라 당신이 자신에게 붙이는 '딱지'가 달라진다. 부모, 동아리, 소셜미디어, 교사 등은 각자의 입장에서 자신의 가치와 신념을 비롯해 당신에 관한 딱지(혹은 꼬리표)를 당신에게 강요한다. 사실 당신을 포함한 모두가 그렇게 하기 때문에 그들만의 잘못은 아니다. 인간은 자신이 진실이라고 믿는 것을 다른 사람들에게 강권하고 투영하는 경향이 있다. 그 과정에서 감정적으로 반응하거나 과거의 짐을 다른 사람에게 떠넘기기도 한다.

누구나 자신의 믿음과 경험이 옳다고 여기고 다른 사람들이 거기에 동의하고 따라주기를 바란다. 이런 태도는 관계나 사업에서 도움이 되기도 하지만 방해가 되기도 한다. 예를 들어 당신이 어린 시절에 부모 때문에 겪었던 고통을 당신의 자녀는 느끼지 못하게 막아줌으로써 자녀를 보호할 수 있다. 아버지가 당신을 모질게 키웠던 경험이 있어 자녀들을 부드럽게 대하거나 어머니가 너무 많은 규칙을 강요했기에 자녀들에게 더 많은 자유를 주는 경우다. 이런 식의 보호를 좋다 나쁘다 딱 잘라 말하기는 힘들다. 상황마다 다르기 때문이다. 그저 자신이 겪은 고통스럽거나 중요한 경험에 따라서 좋다 나쁘다고 판단할 뿐이다.

사람들은 때때로 우리에게 새로운 사업 구상이 위험하다거나, 어떤 식으로 아이를 키우거나 키우지 말아야 한다거나, 돈을 빌리지 말아야 한다거나, 안정된 직업과 가정을 유지하는 데 감사하라고 말해준다. 때때로 그들은 우리를 걱정해서 그렇게 말한다. 우리를 사랑하고 보호해주고 싶어 해서다. 그럴 때조차도 '그들 자신'의 경험과 제한된 신념에 근거하여 조언해주는 것뿐이다. 하지만 때때로 사람들은 자신이 실패했거나, 우리가 성공하기를 원하지 않아서, 우리를 붙잡고 있어야 기분이 좋아지기 때문에 그렇게 조언해준다.

나는 지금 일부러 '때때로'라는 단어를 여러 번 썼다! 이 단어

　　　　　　　　　　　　　　　　　　　　　　확신

가 핵심이다. 때때로 그런 조언이 도움이 되기도 하고 그렇지 않기도 한다. 사람들은 자신의 믿음을 우리에게 강요하려고 부단히 애쓴다. 당신이 사실로 여기고 있는 거의 모든 신념과 당신에 관한 딱지는 외부 세계에서 나왔다. 대부분은 무비판적이고 무의식적으로 받아들인 결과물일 뿐이다.

자존감을 관리하는 첫 번째 단계는 이런 일이 지금껏 일어났고, 그것이 철저히 정상적인 일임을 인식하는 것이다. 이것은 좋은 일도 나쁜 일도 아니며 그냥 그렇게 일어난 일일 뿐이다.

두 번째 단계는 **당신의 정체성과 관련해 외부 세계에서 붙인 신념과 딱지를 알고, 그중 무엇을 인정하고, 무엇을 단호히 거절할지를 선택하는 것이다.**

우선 자신에게 부정적인 딱지를 붙이지 않았는지 돌아볼 필요가 있다.

- 나는 실패자거나 패배자다.
- 나는 사기꾼이다.
- 나는 괴짜거나 변태다.
- 나는 운이 나쁘게 태어났다.
- 나는 너무 나이가 많거나 적고, 못생겼고, 뚱뚱하고, 키가 작다.
- 나는 평범하고 특별하지 않다.

- 나는 멍청하고, 학습 속도가 더디다.
- 나는 항상 일을 망친다.
- 인생은 나에게 공평하지 않다.
- 나는 쓸모없는 인간이다.
- 나는 똑똑하지 않다.
- 나는 무기력하고 희망이 없는 인간이다.
- 나는 신뢰할 수 없다(아무도 내 말을 들으려 하지 않는다).

당신은 이 중 어떤 사람도 아니다. 물론 이런 딱지를 여러 번 붙여봤을 수도 있지만 어느 것도 당신이 아니다.

무엇보다 아주 중요한 '딱지'가 있다. "나는 이 일을 할 수 없다"는 말이다. 누가 이런 말을 했는가? 비평가? 친구? 가족? 당신을 잘 모르는 전문가?

누군가가 당신이 어떤 일을 할 수 없을 거라고 충고한다고 해도 그건 단지 그들이 그 일을 하는 방법을 잘 모르거나 이미 했다가 실패했기 때문일 수 있다. 때때로 그들은 당신이 성공하는 바람에 자신이 열등해 보이는 게 싫어서 그런 말을 한다. 물론 당신을 아주 걱정해서 그럴 수도 있다.

조언과 관련해서 간단한 규칙을 정했다. 가족, 친구, 멘토, 인터넷에서 무차별적으로 댓글을 다는 사람, 비평가, 낚시꾼, 재수 없

확신

는 사람 누구에게나 해당하는 규칙일 수 있다. 규칙은 아주 간단하다. A 또는 B 중에 고르기만 하면 된다.

- A: 경험이 많고, 입증되고, 자격이 되고, 당신이 존경하는 사람이 해주는 조언이라면 그것을 경청하라.
- B: 그렇지 않다면 경청하지 마라.

공손하거나, 단호해지거나, 조용히 굴거나 마음대로 해라. 다만 당신은 자신에게 옳고 그른 것을 어떻게 선택하고 거부해야 하는지 100퍼센트 알고 있어야 한다. 누가 해준 무슨 말을 믿기로 했는지 선택하라. 사람들이 비판하거나 걱정하는 이유가 무엇인지, 조언하는 사람에게 확실한 자격이 있는지를 알아라.

그런 조언과 딱지를 자신에게 붙일 때 당신은 다른 사람들이 당신에게 투영한 정체성을 소유하기 시작한다. 예를 들어 당신에게 긍정적이고 힘이 넘치고 자신감이 있는 사람이라는 평가가 따르면 당신은 자신에게 긍정의 의미로 '별' 딱지를 붙인다.

그러나 이러한 딱지는 당신을 저지하고 끌어내릴 수도 있다. 딱지가 정체성이 되므로 당신은 실제로는 당신다운 행동이 아니거나 당신에게 진정 도움이 되지 않거나 당신이 되고 싶은 사람이 아니더라도, 그 딱지를 연상시키는 행동을 보여준다. 그러면서

속으로는 자신의 진정한 정체성에 필사적으로 매달릴 것이다. 그것이 당신이 평생 가져왔던 자기 이미지의 정수이기 때문이다. 한편으로는 혼란을 막는 질서이기도 하다.

자신에게 붙일 딱지를 선택하고 고르려면, 이미 당신 안에 있는 지혜와 권한을 발휘하라. 자신에게 붙인 긍정적 혹은 부정적 딱지의 균형을 맞추기 위해 자신에게 친절하게 굴어라. 자기 자신을 비하하려 할 때 자신을 응원하라. 당신의 결점과 함께 위대한 장점을 인정하라. 이는 오직 당신만이 할 수 있는 일이다!

당신에게 붙여진 딱지는 당신의 정체성뿐만 아니라 당신의 현재 상황과도 관련이 있다. 이 딱지들은 특히 힘든 상황에서 상당히 과장될 수 있고, 자신감을 잃게 할 수 있다.

- 벽에 부딪힌 것 같다.
- 뭔가가 내 어깨를 무겁게 짓누른다.
- (엄청난 분량의 서류 작업 등에) 파묻히거나 빠져죽는 느낌이 든다.

이 표현들에서 우리가 현실을 어떻게 터무니없이 과장하고 있는지를 알면 재미있다(한편으로는 재미없다). 자신을 격려하는 방식과는 전혀 거리가 멀게, 심신을 완전히 망가뜨릴 정도다. 내 말은, 만약 당신이 진짜 벽에 부딪혔다면 피가 나는 상처를 입을 것이다. 어깨를 짓누르는 그 뭔가는 무엇일까? 코끼리일까? 그리고 일에 빠져죽는다는 걸 상상이라도 할 수 있겠는가? 그러나 사람들은 조금만 당황하거나 아주 작은 문제만 생겨도 이런 과장된 딱지를 붙인다.

자신에게 딱지를 붙일 때는 적어도 자기 자신에게는 진실을 말하라. 당신에게 붙은 딱지가 당신의 정체성이 된다. 다른 사람들에게서 받은 딱지든 자신에게 붙일 딱지든 신중히 골라라. 당신이 자신의 정체성과 자신이 되고 싶은 사람에 대한 확실한 비전을 확보하면 더 수월할 것이다.

사기꾼 증후군

성공과 인기와 명성이 전부 가짜고, 운이 좋아 얻은 것 뿐이라서 조만간 사람들이 자신의 참모습, 즉 당신이 사기꾼이라는 사실을 발견하게 될 것이라는 두려움을 느껴본 적이 있는가? 혹은 머지않아 모든 게 엉망진창이 될 것이므로 중단하거나 포기하는 것이 더 좋다고 느껴본 적이 있는가?

누구나 결코 충분히 만족할 수 없는데도, 종종 압박과 기대에 부응하기 싫어서 또는 실패를 대비한 보험 차원에서 잘하는 일도 쉽게 포기해버린다. 이런 심리 상태를 가리켜 '사기꾼 증후군' 혹은 '가면 증후군'이라고 한다.

확신

사기꾼 증후군은 한마디로 자신이 이룬 성공을 의심하면서, 그것이 '사기'를 쳐서 얻은 성공이라는 의심을 받을까 봐 계속해서 두려움을 느끼는 심리를 말한다. 자신의 능력을 보여줄 수 있는 외적 증거들이 있는데도 이러한 증후군을 경험하는 사람은 자신이 사기꾼이며, 지금까지 이룬 모든 것을 누릴 자격이 안 된다고 낙담한다.

사람들은 종종 자신이 사기꾼인 것처럼 느끼면서 운이 좋았거나 다른 사람들을 속여 실제보다 더 똑똑한 것처럼 보이게 만든 덕분에 부당하게 성공했다고 느낀다. 질병이 아닌데도 이런 느낌을 '증후군'이라고 부른다는 사실이 흥미롭다.

결국은 자부심이나 자신감이 부족하기 때문이지만, 사기꾼 증후군에 빠지는 이유를 몇 가지로 정리해볼 수 있다.

- 당신이나 당신이 하는 일에 대한 긍정적인 피드백이 부족해서
- 어떤(많은) 업적에도 실패할까 봐 강한 두려움을 느껴서
- 자신이 무능하다는 느낌이 들어서
- 완벽해지려는 욕심에 사로잡혀 아무것도 못 하게 마비시키는 완벽주의의 역설 탓에
- 실패의 감정을 느낄 수밖에 없게 만드는 자신에 대한 과대평가 또는 비현실적인 기대 때문에

- 사기를 친 게 아닌가 하는 두려움(과장한 게 발각될까 봐 느끼는 두려움) 때문에
- 실수를 저질러 비난이나 처벌을 받거나 수치심을 느낄까 봐
- 높은 성취나 성공을 통해서만 자존감이나 자기애를 느낄 수 있어서

처음 부동산에 투자하기 시작했을 때는 잠시 성공을 거두는 듯했다. 하지만 갑자기 2008년 경기침체가 닥쳐왔다. 나와 파트너는 주변의 투자자와 기업들이 추풍낙엽처럼 쓰러지는 광경을 목격했다. 당시 우리는 사업을 시작한 지 얼마 안 되었고, 비용 부담도 그리 크지 않았기 때문에 가끔 힘들긴 했어도, 대형 업체들만큼 심각한 피해를 보진 않았다. 우리는 살아남은 몇 안 되는 회사 중 하나였기에 자동적으로 우량 회사로 여겨졌다. 어려움을 겪은 사람들로부터 많은 것을 배운 우리는 간접비를 낮추고 돈을 쌓아두었다. 그런데도 두려움이 커졌다. 다음에 또다시 그런 경기침체가 일어난다면 어떻게 될지 걱정스러웠다. 이번에는 운이 좋았지만, 원래부터 살아남을 자격이 있었던 게 아니라서 지금처럼 인정받기도 힘들어질까 봐 걱정했다.

일어나지 않은 일까지 가정하면서 모든 것의 문제점을 찾아내려고 애쓰는 것은 사실 웃긴 일이다. 이러한 '사기꾼' 감정은 우리

확신

를 계속 초라하고 배고프게 만들면서, 미래의 도전과 혼란에 대비한 계획을 잘 짜놓아야 한다는 사실을 상기시켜 줬다. 사기꾼 감정에서 벗어나려 할 때 유용한 행동 원칙이 있다.

- 자만과 기대 사이의 균형을 잘 잡을 수 있게 이 둘을 현실적으로 관리하라.
- 타인을 돕는 데 집중하여 자신의 가치를 인정받는다는 느낌을 받아라.
- 자신이 이룬 50~100가지 위대한 일들과 성공할 수 있었던 이유를 목록으로 정리해보라.
- 다른 사람과 자신을 불균형하게 비교하지 마라.
- 목표나 성공을 최종 목적지가 아닌, 발전할 수 있는 테스트로 간주하라.
- 아직 달성하지 못한 어떤 일도 지금의 당신을 정의하지 못한다는 사실을 알아라.
- 세상에는 당신의 기술과 재능이 필요하므로 자기 태업으로 사람들을 거부하지 마라.
- 비전을 세우고 후대에 남길 것을 정하되, 자신이 어떻게 기억되고 싶은지를 명확히 하라.
- 사기꾼 증후군이 심해지면 그때의 감정과 행동을 모두 글로

적어둬라. 그러면 밤새 괴로움에 시달리지 않을 수 있다.

- 누구도 당신이 무엇을 생각하고 두려워하는지 모른다는 사실을 기억하라.
- 성공한 일을 인정하고, 칭찬에 감사하고, 고마워하는 연습을 하라. 스스로 축하하라!
- 친구나 멘토, 전문가에게 도움을 구하고, 감정을 공유하라.
- 우리 모두 자존감 때문에 고민한다는 사실을 알아라. 당신의 우상과 엄청난 유명 인사도 마찬가지다.

사기꾼 감정을 느꼈을 때 그런 감정을 별개의 '것들'로 분류한 뒤, 말 그대로 '사기꾼' 같은 존재로 간주하고 머릿속에서 추방해버려라. 그것들에 지나치게 좌우되지 않도록 주의하라.

자신의 정체가 발각될지 모른다는 두려움이 고개를 들 때마다 당신이 성공할수록 얻을 수 있는 모든 것과 사기꾼에게 당신의 목표와 자존감을 빼앗겼을 때 잃게 될 모든 것을 생각하라.

자기 의심을
의심하라

자신을 끊임없이 의심하는 이유는 아무 생각 없이 남이 하는 대로 따라 살지 않기 위해서이기도 하다. 물론 당신이 절대적으로 질문하고, 의심하고, 회의적으로 생각해봐야 할 일이 몇 가지가 있다. 위험하거나, 사회로부터 배척당할 수 있거나, 생존에 위협이 되는 일들이다.

하지만 자기 의심으로 심신이 약해지거나, 질식할 것 같거나, 그 자체로 부적절하다는 느낌이 들 때 문제가 생긴다. 자기 의심이 현실적이고 유용한 의심에서 벗어나서 자기가 쓸모없는 짓을 하는 것 같다는 의심으로 변질될 때가 그때다.

의심이 당신의 부정적 사고 회로를 강제하면 속삭이듯 새어나오던 의심의 목소리가 점점 더 커진다.

- 모두 잘못될 것이다.
- 나는 부족한 사람이다.
- 그들은 나를 비웃을 것이다.
- 부모님은 나를 자랑스러워하지 않을 것이다.
- 나는 바보처럼 보일 것이다.
- 나는 그 일을 하지 못할 것이다.
- 나는 자격이 없다.
- 나는 기대에 부응하지 못할 것이다.
- 돈도 많이 들고 위험한데, 내가 돈을 잃으면 어떻게 하나?
- 결코 일을 끝내지 못할 것이다.
- 지금은 때가 아니다.
- 사람들은 내가 변했다고 생각할 것이다.

자신에게 이런 말을 하는 당신이나 상상 속에서 당신을 조롱하는 부모나 권위적 인물은 모두 당신 머릿속의 환상에 불과하다. 그들은 현재를 왜곡시키는 조각이자 뒤틀린 과거의 기억이다. 당신이 그런 환상을 믿으면 그것이 진짜처럼 된다. 전 세계 어딘가에는 당신보다 기술이 부족한데도 당신보다 더 큰 자신감을 갖는 사람이 분명 존재한다.

나는 부를 얻으려 하거나 지키려는 많은 사람을 훈련하고 도와줬다. 전부는 아니지만 많은 사람이 비교적 짧은 기간에 현장에서의 경험이 거의 없는 상태로 훌륭한 일을 해낸다. 그들의 숙련도가 일단 특정 수준에 이르면 헐뜯기 좋아하는 비평가가 음흉하게 그 모습을 드러낸다. 아무리 시간과 지식과 경험이 많다고 한들 비평가가 생기는 이유는 그들의 두려움, 의심, 낮은 자존감 때문이다. 그들은 그동안 겪은 자신의 모든 경험을 활용하기보다는 편협한 패배주의자로 전락해서, 그저 자기만족을 느끼기 위해 타인을 비난하는 데 에너지를 쏟는다.

비평가는 또한 당신 내면의 목소리일 수도 있다. 이는 외부에 있는 비평가가 내는 목소리보다 더 나쁠 수 있다. 『결단』에서는 그런 비평가를 '내 안의 망할 놈inner bastard'이라고 불렀다. 내 내면의 목소리는 정말로 '망할 놈'이기 때문이다.

우리는 실용적이고 감정적인 이유로 자신을 의심한다. 두 이유의 차이를 알아둘 필요가 있다. 무작정 신나고, 껴안고, 행복해하고, 손뼉을 치고, 하이파이브를 하는 사람이 되어서는 안 된다. 자기 의심을 하는 모든 문제가 어린 시절의 한 장면에서부터 짊어지고 살아온 감정적인 짐 때문에 생기는 건 아니다. 어떤 의심들은 지극히 실용적이다. 물론 어떤 의심들은 해롭다. 먼저 자기 의심에 빠지는 실용적 이유를 알아둘 필요가 있다.

- 의견이 너무 많다.
- 선택지가 너무 많다(그래서 혼란스럽고 정신이 없다).
- 입증되지 않았다(새로 나왔다).
- 타이밍이 틀렸다(변명이 아니고 진짜 그렇다).
- 필요한 기술이나 자원이 부족하다.
- 주변에 맥 빠지게 만드는 사람들이 있다.
- 진퇴양난의 상태이거나 갈피를 못 잡겠다.

한편 자기 의심에 빠지는 감정적 이유에 주의해야 한다.

- 과거에 실패했다.
- 자존감이나 신념이 낮다.
- 우리와 다른 사람을 비교한다.
- 성과가 불안하다.
- 거부나 조롱을 당할까 봐 두렵다.
- 완벽주의자가 되고 싶다(충분히 갖추지 못했으니 시작조차 하지 않는다).

- 성공하지 못할까 봐 두렵다.
- 비평가를 비롯한 다른 사람들이 우리가 하는 일에 대해 하는 말을 무비판적으로 믿는다.

자기 의심을 절제하기 위한 몇 가지 실천 방안이 있다.

- 더 큰 행동을 수행하기 위해 작은 일부터 시작하라.
- 당신의 행동을 최종적이고 변할 수 없는 절대적인 것이 아니라 테스트로 간주하라.
- 결정을 내릴 때는 찬반양론을 나열하고 근거를 점검하라.
- 일을 더 잘하는 사람에게 위임하는 방안을 고려하라.
- 멘토나 현명한 사람들에게 도움과 조언을 구하라.
- 연구의 70~80퍼센트를 끝낸 뒤에 다른 일을 하라(어떤 일이나 좋다).
- 너무 진지하게 고민하지 말고 즐겨라.
- 올바른 결정일지 아닐지 고민하지 말고 일단 결정을 내리고 그것을 올바른 결정으로 만들어라.
- 단호한 결정을 내리는 방법을 듣고 읽어라(그런 능력은 근육처럼 강화될 수 있다).

의심은 처음에는 현명한 걱정에서 시작해 곧바로 당신의 인생과 정체성의 모든 영역으로 퍼질 수 있다. 그것이 어떻게 눈덩이처럼 커질 수 있는지 주의하라. 침소봉대하지 않도록 주의하고, 의심하는 자신을 항상 의심해보는 습관을 길러라.

자신에게 말하는 방식을 주의하라. 작은 말이라도 당신 안의 비평가와 건전한 비평은 거대한 차이를 만들 수 있다. 일단은 다음 사실만을 기억하라.

당신이 무엇을 시작해야 하는지 말아야 하는지 혹은 얼마나 많은 경험을 쌓아놓고 있어야 하는지에 대해 정해진 기준 같은 건 없다. 따라서 의심을 멈추고 세상을 향해 자신만의 목소리를 내기 시작하라. 숨지 말고 드러내라. 징징거리지 말고 자기만의 색으로 환하게 빛나라.

비교의 저주

　비교할 사람이 전혀 없다고 상상해보자. 다른 사람보다 열등하다거나 성공하지 못했다는 식의 판단이 어렵다면 자신은 어떤 사람이란 생각이 들까? 자신을 지금만큼 괜찮지 않거나 잘나가지 못했던 예전의 자신과 비교해보라. 어쩌면 당신은 지금 당신이 얼마나 성공했는지 알아보기 위해 인생에서 가장 보잘것없었을 때의 당신과 지금의 당신을 비교해보고 싶을지 모른다. 어쩌면 지금 원했던 위치에 있지 않더라도 더 나은 기분을 느끼기 위해 최악의 상태에 있었을 때의 자신과 비교하고 싶을 수도 있다.

　모두가 쓸모없는 인간이라고 상상해보라. 솔직히 당신은 몰래 그렇게 되길 바라면서 순간 자기 만족감을 느낄지 모른다. 당신도 만만치 않게 쓸모없는 인간일지라도.

다른 사람이 얼마나 괜찮은 사람이건 아니건 당신의 '정체성'은 절대로 바뀌지 않는다. 당신은 그냥 당신일 뿐이다. **다른 사람이 얼마나 괜찮은 사람인지 안다고 해서 당신이 얼마나 괜찮은 사람인지에 대한 자아상이 바뀔 이유는 없다.**

나는 책의 형태로 내 지식을 전달하고 있지만, 아직 책을 써본 적이 없거나 앞으로도 쓸 가능성이 낮은 누군가가 나보다 더 많이 알고 있을 수도 있다. 그렇다고 할지라도 내가 내 책을 판매하지 않으면 내가 아는 것과 내가 누구인지는 전혀 바뀌지 않더라도 나는 내가 가치가 없는 사람이라고 느낄 것이다. 한편 내 책이 날개 돋친 듯 팔리면 내가 아는 것과 내가 누구인지는 전혀 변하지 않아도 내 기분은 더 좋아지고 나는 나를 더 가치 있는 사람으로 여길 것이다.

우리가 부정적인 측면에서 비교하는 경향이 있는 이상, 비교는 종종 '저주'가 된다. 부적절한 비교를 하게 돼서 자신이 실제보다 더 별로라고 느낀다.

다른 사람들과 자신을 비교하는 이유를 먼저 살펴보자.

- 외적인 가치를 척도로 자기 상태를 알아볼 수 있어서

- 생태계에서 생존하고 적응하는 데 도움이 돼서
- 성장과 발전을 이끄는 기준이므로
- 새로운 모험을 피하고 위험을 줄일 수 있어서
- 귀중한 피드백 메커니즘이므로
- 객관적이거나 보편적인 다른 비교의 기준이 없어서
- 자신이 가진 기술과 능력을 검증하고 인정받기 위한 본능적 욕구를 채우기 위해서
- 자부심과 자존감을 느끼고 공허함을 낮추기 위해서

이렇듯 다른 모든 부정적 감정처럼 '비교의 저주' 역시 여러 가지 기능을 하며, 일방적이고 불균형한 관점에서 인식할 때만 저주가 된다.

어떤 사람들은 아무런 비교도 하지 말라거나 비교 기대치를 낮추라고 조언하지만, 비교를 아예 하지 않는 것은 현실적 방안이 아니다. 비교의 가학피학성sadomasochistic 때문이다. 우리는 비교가 우리를 무기력의 늪으로 끌고 갈 수 있다는 걸 알면서도, 그곳으로 따라 내려갈 때가 있다.

종종 자신보다 더 낫다고 생각하는 사람과 비교한다.

- 더 많은 것을 원하고 더 나은 가치를 느끼도록 자신에게 동

기와 영감을 부여하기 위한 비교

- 자존감이나 능력이 떨어진다는 걸 느끼기 위한 비교

때로는 별 볼 일 없다고 여기는 사람과 비교하기도 한다.

- 자신이 우월하거나 상대방이 하찮다는 느낌을 더 강하게 받으려는 비교
- 자신에게 감사하고 좋은 기분을 느끼기 위한 비교

타인과의 비교를 피할 수 없다면 비교 방식을 바꿔야 한다. 그러면 비교의 저주를 선물로 돌릴 수 있는 보다 발전적이면서 영감을 주는 방법을 찾을 수 있다. 보다 긍정적이고 생산적인 방식으로 비교를 활용하면서 균형을 맞추다 보면 당신은 더 이상 실제보다 자신의 가치가 떨어진다는 느낌을 받지 않게 된다.

자책하는 에너지를
빌려 써라

세상이 당신을 능숙하게 비판할 테니 굳이 자책하지 마라. 당신이 가장 혹독한 비평가 노릇을 하지 않아도 저 밖에는 이미 충분히 많은 비평가가 존재한다.

물론 이것이 그렇게 쉬운 일이라면 자책을 그냥 중단하면 될 것이다. 그런데 당신은 자책하는 자신을 다시 자책한다. 기분이 나빠서 기분이 나빠지다가 더 나쁜 기분을 느끼면서 그런 기분을 느끼는 자신을 비판하는 식이다. 이어 내친김에 다른 모든 것을 끄집어내어 자책한다.

나는 책, 팟캐스트, 비즈니스 멘토링 모임 등 자기계발을 위한 여러 활동에 지난 십여 년간 100만 파운드 넘게 투자해왔지만, 잘못을 저지를 때마다 자책해왔다는 사실을 깨달았다. 하지 말아야 할 때 실수를 저지르고 뭘 해야 하는지 알고 있으면서도 하지 않았으니 결국 실패자이자 멍청이처럼 느꼈다.

하지만 자존감을 갉아먹는 피라냐 같은 자책에는 당신이 느끼는 극단적인 감정에 균형을 가져오는 긍정적인 목적도 존재한다.

- 같은 실수의 반복을 피하는 데 유용하다.
- 계속해서 성장과 발전을 추구하기 위해서는 나빠지는 상황을 더욱 나쁘게 느껴야 한다.
- 아직 (다른 사람과 자신을) 용서하거나 용서를 구하는 법을 배우지 않았기 때문이다. 용서의 필요성을 일깨워준다.

자책은 정신 무장에 유용하다. 자책의 강도를 높일수록 마음을 단단히 먹어야 한다. 문제의 규모가 클수록 당신이 받는 고통도 그만큼 커질 수 있기 때문이다. 자책하는 자신을 자책하기보다는 신속하게 자책하고, 일시적인 패배자가 된 자신을 인정하고, 재빨리 내면의 에너지를 외부로 돌려서 문제 해결에 필요한 결정적인 조치를 선제적으로 취하라. 그러면 결국 당신은 긍정적인 감정이란 보상을 얻는다. 도전이 클수록 보상도 그만큼 커진다.

한편 자책하거나 자신을 의심하고, 종종 타인과 비교할 때 느끼는 두 가지 주요 감정은 죄책감과 수치심이다. 이 두 가지가 비슷한 감정이긴 하나 헷갈릴 수 있다. 둘 다 자기평가와 교정의 근간이 된다. 죄책감은 누군가에게 피해를 주는 일을 저질렀다고 생각할 때 느낀다. 수치심은 우리가 보잘것없다거나 피해를 봤다거나 사랑받지 못한다거나 열등하거나 무능력하다고 믿을 때 느낀다. 자책처럼 이 두 가지 감정은 우리의 정체성을 규정해주며 살면서 지켜야 할 도덕적 행동 수칙과 기준을 보완하는 데 필요한 자아 반성의 기회를 준다.

죄책감과 수치심은 모두 두려움에서 비롯된 반응이며, 다양한 차원의 극단적인 성격을 드러내준다. 심리학자인 켈리 맥고니걸Kelly McGonigal에 따르면 우리 두뇌는 친숙한 위험보다 두려움에 더 강하게 반응한다. 어려움을 극복할 수 있다고 믿으면 두뇌는 '도전적 대응'을 보이는 경향이 강하다. 도전적 대응은 우리가 계속 나아갈 수 있게 스트레스 호르몬인 코르티솔cortisol과 아드레날린을 방출한다. 또한 마음을 진정시키고, 타인과 연결되도록 동기를 부여해주는 옥시토신과 뇌가 상황을 이해할 수 있게 도와주는 생식 호르몬인 디에이치이에이DHEA를 방출한다.

이는 전진하고, 행동하고, 해결책을 찾을 수 있게 유도해주는 생산적인 스트레스다. 이런 스트레스를 받으면 당신은 팔을 걷어

붙이고, 해결책을 찾기 위해 뛰어든다. 보상을 받고 싶은 감정은 스트레스 호르몬과 균형 있게 섞이면서 해결책 쪽으로 인도한다. 자책하더라도 생산적으로 자책하라. **자책할 때 느끼는 감정과 스트레스를 180도 바꿔서 생산적인 에너지로 만들어라.**

- 샌드백을 치고, 역기를 들어 올려라.
- 즉시 달려가 다른 사람을 도와주어라.
- 자책하면서 배운 것을 토대로 콘텐츠를 만들어라.
- 자책을 극복한 이야기로 잡지나 팟캐스트를 만들어라.
- 무언가를 디자인, 창조, 발명, 건설 또는 제작하라. 에너지를 생산적이고 창조적인 것으로 전환하라.

자학하거나 자책하기보다 다소 억지스럽더라도 이러한 선제적 조치를 취하는 것이 훨씬 더 나은 방법이다. 수치심과 죄책감 등 스트레스를 주는 감정을 밖으로 분출하지 않는다면 습관적인 자기 분석과 경멸에 빠져서 결국에는 우울증, 불안, 분노를 느낄 수 있다. 결국 부정적인 자기 확신만 강해진다. 바뀔 수 없다고 믿으면서 자기 파괴적인 행동을 반복하다 보면 강력한 수치심에서 벗어나기 위해 일시적인 위안과 중독 거리에 의존한다.

수치스럽고 고통스러운 모든 상황을 '긍정적인 스트레스' 또는

'도전적 대응'으로 전환할 수 있다. 에너지 방향을 내부에서 외부, 부정적인 대상에서 긍정적인 대상으로 전환하면 그만이다. **여기서 '그만이다'라는 말은 '쉽다'는 뜻이 아니라 '단지' 그렇게 하면 된다는 뜻이다.** 당신은 이미 자신이 하고, 만들고, 창조하고, 건설하고, 분석하고, 몰입하고 싶은 게 무엇인지를 알고 있다.

성공에 대한 두려움,
정상에 오른 자의 책임

성공이 낯설게 느껴지는 사람이 있다. 역설적이게도 자신의 목표를 이루어 성공하고 나면 그에 부응해야 할 일정 수준의 기대감이 생긴다. 그래서 많은 사람이 성공하면 다른 사람들이 자신을 어떻게 볼까 걱정한다. 혹시 사람이 바뀌었거나 출신을 망각하고 우쭐하는 것처럼 여기지 않을까 걱정한다. 비판이나 조소의 대상이 되거나 사기꾼처럼 보일까 봐 두려워할 수도 있다.

성공 앞에서 느끼는 두려움은 위험을 무릅써야 하거나 실패할지 모른다는 데서 나오기도 한다. 성공할수록 실패할 가능성이나 치욕감을 느낄 가능성은 더 커진다. 잃을 수 있는 게 더 많아지는

확신

것이다. 사람들은 당신에게 더 많은 걸 요구하고, 감수해야 할 희생과 책임이 늘어난다.

한편 일단 성공하면 목표나 성취할 것이 없어진다. 이를 우려해 덜컥 겁이 나는 사람도 있다. 산 정상에서 아래를 내려다봤을 때 오랫동안 꿈꿨던 모습이 아닐 수 있는 것과 마찬가지다. 아니면 정상에 머무는 데 강한 부담감을 느낄 수도 있다. 일례로 당신을 최고의 자리에서 몰아내려고 애쓰는 사람들이 있을 수 있다. 하지만 정상에 도달하지 않는다면 기대에 부응하며 살지 않아도 된다. 영구적 성공이나 '해피 엔딩'이 없다는 사실에 직면하지 않아도 된다. '평범한' 삶은 편하고 안락하다. 반면 성공은 복잡하고 불안하며 심지어 끔찍하다.

실제로 성공하면 새로운 환경을 접하게 된다. 낯선 환경을 두려워하는 이유는 안전을 위협받는다고 느끼기 때문이다. 매우 정상적인 느낌이다. 이때 자기방어 기제가 발동해서 '성공'이란 미지의 세계로 들어가지 못하게 막기도 한다.

또한 성공하면 사랑받지 못할 수 있다는 두려움이 커질 수 있다. 주위의 기대감이 높아지고 그에 따라 변해야 한다는 걱정 등은 모두 다른 사람이 당신을 어떻게 판단할지 모른다는 두려움과 관련되어 있다. 당신은 조롱거리가 되고 사랑받지 못할까 봐 두려워한다. 그것은 우리 마음속 깊이 잠재된 두려움이다. 감정적

트라우마의 결과일 수도 있고, 부모나 권위 있는 인물의 영향으로 생긴 트라우마일 수도 있다.

아이러니하게도, 성공에 대한 이러한 여러 두려움 때문에 실제로 성공에 도달하기까지 아주 많은 단계를 밟아야 하는데도 행동을 멈추게 된다. 성공하기를 아예 포기하기 전에 성공이 진짜 어떤 건지 자신에게 조금이라도 맛볼 기회를 줘보면 어떨까.

당신이 추구하는 실제 성공은 머릿속으로 생각하는 성공과 다를 수밖에 없으므로 현실을 있는 그대로 수긍하기로 하자. 어떤 계획을 세웠는지도 중요하지 않다. 계획하지 않은 일들이 일어나 당신을 곤란하게 만들 것이다.

이제 성공의 장단점을 균형 있게 따져보라. 성공에는 대가나 희생이 따른다는 사실은 의심할 여지가 없지만, 지금 상태로 머무른다면 더 큰 것들을 놓칠 수 있다.

- 원하는 만큼의 돈
- 자유, 선택, 자율
- 팬의 사랑, 추종자의 지지, 고객이 해주는 모든 칭찬
- 가족, 타인, 자신에게 베풀 수 있는 모든 친절과 돈과 시간
- 최고의 자신을 이끌어내기
- 세상에서 누릴 수 있는 각종 모험이나 여행 및 사치

확신

- 훌륭한 사람들과 맺는 관계, 네트워크
- 가족, 친구, 취미를 위해 쓸 시간
- 의무감 때문이 아닌 원해서 하는 일
- 높아진 자존감
- 더 매력적이고, 빛나고, 멋지고, 카리스마 넘치는 당신

자, 어떤 대가를 지불하겠는가? 어떤 희생을 하고 싶은가?
제발, 성공하고 나서 실제로 성공이 어떤 모습인지 판단하라!

사람들이 "당신, 변했네"라고 말할까? 물론 당신이 변했을 수 있다. 누가 10년 전과 똑같은 사람으로 남기를 바라겠는가? 당신의 가치, 도덕, 윤리는 변하지 않을 수 있지만, 당신에 관한 다른 모든 것은 더 나아질 수 있다.

그리고 당신의 위대한 면모를 증오하는 사람이 있는 만큼 당신에 관한 모든 것을 사랑하고 존중하는 사람도 있을 것이다. 당신은 그들에게 더 나은 삶을 살 수 있게 영감을 불어넣어 주는 빛이 될 것이다. 그리고 그것은 성공했을 때 느끼는 최고의 감정 중 하나다. 만일 당신이 성공이란 어지러운 정상에 도달했을 때, 성공을 원하지 않는다는 걸 깨달았다고 한들 아무 문제가 없다. 그걸 나를 줘라. 내가 당신 대신 성공을 돌볼 것이다.

기대에 부응하지 않아도
사랑받는다

타인, 특히 부모나 영향력 있는 권위자들의 기대에 부응하며 살려면 압박감이 가중될 수 있다. 그러다 결국 압박감이 심해지면 불안감과 내적 갈등이 심화될 수 있다.

어렸을 때 나는 과체중이었다. 사실 학교에서 최고로 뚱뚱한 아이였다. 내가 두 번째로 뚱뚱한 아이였다면 가장 뚱뚱한 아이 뒤에 숨어 있을 수도 있었겠지만 아니었다. 지금도 열두 살에 짊어져야 했던 짐을 일부 지고 다닐 정도로 정말 거지 같았다. 하지만 나는 아버지가 나를 자랑스럽게 여기시기를 바랐다. 그래서

확신

아버지가 원하시는 대로 럭비를 했다.

나는 뚱뚱한 선수들이 으레 맡는 프롭prop〔스크럼을 짤 때 맨 앞에서 버텨주는 역할을 하는 선수〕역할을 맡았다. 학교에서는 매년 장비를 새로 나눠줬는데 그때마다 가장 큰 장비조차 나한테는 너무 작았다. 그래서 장비를 착용하는 것부터 애를 먹었다. 당시에는 옷이 전혀 늘어나지 않았기 때문에 내 아랫배 절반이 삐죽 튀어나왔다.

아버지는 내가 뛰는 럭비 시합을 전부 보러 오셨다. 나는 아버지가 오시는 게 좋았다. 아버지는 경기는 물론 내 훈련이나 팀원들과의 대화에도 정말 관심이 많으셨다. 다른 친구들도 조언을 아끼지 않고 동기를 부여해주시는 아버지를 좋아했고, 나는 그런 아버지의 아들인 게 자랑스러웠다.

하지만 럭비는 진짜 싫었다. 내 외모 때문에 느껴야 하는 수치심이 싫었다. 뛸 때마다 출렁거리는 뱃살에 사람들이 키득거리는 모습이나 아무리 애써봤자 빠르게 달릴 수 없다는 사실이 싫었다. 로크lock〔앞줄의 선수를 뒤에서 받쳐주는 포지션〕가 스크럼을 짤 때 내 고환을 움켜쥐고 있는 것도 싫었다. 그리고 무엇보다 싫었던 건, 다른 아이들의 조롱이었다. 뚱뚱한 사람을 주제로 농담을 할 때마다 내가 빠짐없이 등장했다. 농담 때문에 피해망상에 걸릴 정도였다.

그렇게 나는 3년 동안 럭비를 했고, 트라이^{try}(공격하는 편의 선수가 상대편 영역 안에 공을 찍는 일) 라인에서 불과 몇 미터 떨어진 곳에서 공을 패스받은 뒤 탱크 같은 몸을 이용해 열다섯 명쯤 되는 삐쩍 마른 아이들(과 심판까지)을 쓸어버리며 점수를 내는 이례적인 경우를 제외하고는 늘 럭비가 싫었다.

그런데도 내가 럭비를 했던 이유는 오로지 내가 럭비를 하길 원하신 아버지의 바람에 부응하고 싶었기 때문이다. 나는 아버지가 럭비를 하는 내 모습을 지켜보시는 게 사랑의 표현이라고 생각했고, 나를 자랑스러워하시길 바랐다. 다른 부모님과 달리 아버지는 내게 럭비를 하라고 강요하지는 않으셨다. 다만 내가 당연히 할 거라고 생각하셨을 뿐이다.

그때는 아버지의 기대에 부응하고, 사랑을 얻기 위해 내 선택에 어떤 이의도 없이 모든 고통을 참아냈다. 지금은 럭비를 하지 않았어도 아버지가 나를 사랑해주셨을 거라는 사실을 알고 있다. 하지만 당시에는 그렇게 생각하지 않았다. 나는 아버지가 원하시는 일을 해야겠다고 생각했다.

이것은 20년이 넘게 걸려 어렵게 배운 교훈이다. 당신은 당신에 대한 타인의 기대에 부응하기 위해 살 필요가 없다. 그들이 당신을 사랑한다면 그들은 **당신이 누구건, 어떤 사람이건, 당신이 하는**

일이 합법적이고 윤리적인 이상 당신이 무슨 일을 하건 당신을 사랑할 것이다. 심지어 합법적이고 윤리적인 일이 아니어도 누구나 실수를 하므로 당신을 용서해줄 것이다.

타인에게서 사랑과 인정을 구하는 건 인지상정이다. 인간에게는 사랑이 필요하기 때문이다. 성공이나 타인과의 비교에 대한 두려움과 마찬가지로 사랑받지 못할까 봐 느끼는 두려움은 아주 강하다. 그러다 보니 매사를 부정적으로 보며 자기 파괴적 행동을 하는 '자기 태업(혹은 자기 방해)self-sabotage'에 쉽게 빠지곤 한다. 혹은 나처럼 몸에 맞지도 않는 꼭 끼는 옷을 입고 싫어하는 운동을 3년 동안 하기도 한다.

당신은 타인의 어떤 기대에도 부응할 필요가 없다. 하지만 당신을 존중하고, 사랑하고, 존경하는 사람들에게 감사하라. 심지어 당신에게 맞서는 사람들에게도 감사하라. 당신은 누구의 인정도 필요없다. 당신 자신만 인정해주면 된다. **당신에게는 타인의 사랑이 아니라 당신 자신의 사랑이 필요하다.**

완벽주의자의
역설

사람들은 종종 '완벽주의'가 위대한 '명예 훈장'이고, 완벽하지 않은 사람이나 물건은 실패인 것처럼 간주한다.

구직자들을 상대로 면접을 보면서 자신의 '약점'이 뭐라고 생각하는지 물었을 때 가장 흔하게 듣는 답변 중 하나가 "저는 완벽주의자입니다"이다. 구직자는 이어 자신이 완벽주의자이니 일할 기회만 주면 '정말로 아주' 잘할 수 있다며 완벽주의를 '강점'으로 포장하기 시작한다. 그런 사람을 뽑았다간 반년 만에 퇴사할 것이다. 완벽하지 않은 건 용납할 수 없는 성격이라 조금만 어긋나는 게 있으면 도무지 견디지를 못하기 때문이다.

확신

부담스러운 기대, 실패에 대한 두려움, 끊임없는 비교 그리고 과장된 성공담이 모두 완벽주의의 저주에 무게를 더한다. 역설적이게도, 완벽주의에 기대가 클수록 세상이 더 불완전한 것처럼 받아들여진다. 완벽주의와 냉엄한 현실 사이의 간극이 클수록 스트레스만 쌓인다. 극단적인 경우, 이런 스트레스는 인격 장애, 식이 장애, 사회적 불안, 일중독, 약물 남용, 자해, 우울증을 초래할 수 있는 강박 장애로 돌변한다. 이런 극단적 사례를 겪는다고 느낀다면 전문가의 도움을 구하라.

나를 비롯해 누구나 미신을 하나쯤 갖고 있다. 완벽주의는 거기에서 시작되기도 한다. 예를 들어 일정한 패턴으로 잠자리를 정리하거나, 도로 위 깨진 곳을 밟지 않거나, 늘 똑같은 길로 다니는 것은 일상생활에서 압박감을 줄 수 있다. 그런 행동이 더욱 극단적으로 흐르면 청결 강박증이 있었던 사업가 하워드 휴즈^{Howard Hughes}처럼 하루에도 쉴 새 없이 자주 손을 씻게 된다.

때로는 실패나 조롱에 대한 두려움이 쌓여서 강박적으로 변하기도 한다. 일례로 아주 작은 단점을 갖고도 거듭 자책하는 경우다. 대개는 다른 사람들이 의식하지도 못하고, 실제로 영향을 끼치지도 못하는 단점이다. 하지만 모든 것을 통제하고 싶은 욕구 때문에 강박에 사로잡히기도 한다.

이렇듯 완벽주의는 점차 자신을 하찮게 만들고, 마음의 평화를 망가뜨린다. 끝내는 모든 단점, 실패라고 인식되는 것을 자책한다. 이렇게 하거나 저렇게 하지 않았다면 결과가 완벽해졌으리라며 계속 곱씹는다. 물론 그럴 리 없다.

완벽주의의 역설은 우리가 완벽하게 불완전하다는 데 있다. 우리는 지금의 우리만큼 완벽하다. 당신은 결함이 있고, 독특하며 잘못을 저지른다. 다만 지루함이나 위축감에서 벗어나기 위해 배우고, 더 열심히 노력해야 한다. 완벽주의에 대한 욕구가 발전과 부단한 개선으로 이어질 수 있다. 하지만 완벽주의에 휘둘리다간 머지않아 그것이 당신을 통제하는 저주가 되고 만다.

가끔은 기대가 적거나 심지어 아예 없는 게 완벽주의로 인한 고통보다 나을 수 있다. 그렇다고 해서 열심히 노력하지 말라는 뜻이 아니다. 다만 기대와 현실 사이의 간극을 줄이라는 뜻이다. 당신이 내일 죽을 거라고 예상한다면 아침에 잠에서 깨는 게 매일 위대한 선물일 것이다. 당신은 가장 중요한 것들만을 위해서 살게 될 것이다.

할 수 있는 것만을 통제하라. 할 수 없는 걸 포기하는 법을 배워라. 외적 요소나 이미 벌어진 사건을 비롯해 다른 사람을 통제하려고 했다가는 완벽주의의 고통만 더 심해질 뿐이다. 당신이 당신다울 때 뭔가 중요한 일을 할 수 있다.

시종일관 뭔가가 더 완벽해지기를 바란다면 일을 시작하기 더욱 힘들어진다. 완벽주의는 발전이 주는 저주다. **완벽주의가 아니라 뛰어나기 위해 애써라.** 내 전작인 『결단』의 메시지대로 "지금 시작하고 나중에 완벽해져라."

내가 이렇게 배운 교훈을 내가 강박적으로 잘하려고 애쓰다가 결코 만족하지 못하게 되는 내 삶의 다른 분야에도 적용할 수 있다. 당신이 종종 완벽주의자라면 일에 더 이상 진척이 없는 지점에 도달한다. 발전 없는 변화만 있을 때가 그때다. 더 심한 일도 벌어진다. 퇴보하는 변화만 있을 때다. 수확체감의 법칙〔일정한 농지에서 일하는 노동자가 늘어날수록 1인당 수확량은 점차 적어진다는 경제법칙에 빗대어 전처럼 만족을 못 느끼면서 계속 노력만 하는 것을 가리키는 말〕이나 편집광적 완벽주의에 빠지지 마라.

완벽해지려는 건 인생 전체로 봤을 때 지루한 일이다. 목적을 상실하기 때문이다. 완벽주의를 따르다 보면 어떤 분야에서도 확실히 성공할 곳을 찾지 못한다. 사람들은 당신의 결점에 더 관심을 갖는다(좋다. 모든 결점에 흥미를 갖는 건 아니다). 우리는 완벽함이 아니라 (진짜) 사람과 관계를 맺는다.

한 가지 일에
전부를 걸지 말라

어떤 사람들은 그들이 하는 일이나 갖고 있는 것 중 단 한 가지에 자존감을 건다. 그 한 가지가 직업일 수도, 부모 노릇일 수도, 재능이나 기술일 수도 있다. 아니면 자신이 벌여놓은 사업이나 가지고 있는 지식이나 사회적 지위일 수도 있다.

이는 매우 위험한 행동이다. 그 한 가지가 잘못되거나 사라지는 경우 당신도 실패하거나 사라지기 때문이다. 즉 당신이 하던 일이 사라지는 게 아니라 당신, 즉 당신의 정체성이 사라지게 된다. 아이들이 출가하거나 사업이 파산하거나 해고되거나 은퇴하거나, 아니면 나이가 들거나 몸을 다치거나 재능이 사라졌을 때

확신

를 생각해보라. 그렇게 되면 자신은 하찮은 존재이자 실패자이며 무가치한 사람이란 생각이 든다. 한 가지 일 때문에 모든 걸 잃게 된다. **당신은 훌륭하면서 무한한 잠재력을 가지고 있다. 단, 당신의 자존감을 당신이 하는 일과 분리했을 때 그렇다.**

당신이 습득하거나 성과를 내려는 한 가지 기술은 당신의 정체성과 존재를 구성하는 무한히 많은 것이 바탕이 되어 이루어지는 한 가지 행동에 불과하다. 그러니 잘하건 못하건 당신이 지금 하는 일이 당신을 정의하지 않는다.

공포소설의 거장 스티븐 킹의 첫 장편소설 『캐리』는 30개 출판사에서 거절당했다. 월트 디즈니는 상상력과 참신한 생각이 부족하다는 이유로 신문사에서 해고되었다. 오프라 윈프리는 "TV에 부적합한 인물"이라는 평을 들으며 첫 번째로 잡은 앵커 자리에서 해고되었다. 코미디언이자 영화배우인 제리 사인펠트^{Jerry Seinfeld}는 처음 코미디를 했을 때 야유 속에 무대에서 내려와야 했다.

당신은 실패자가 아니다. 그저 한 차례 실패를 경험했거나 몇 번 반복했을 뿐이다. 반대로 당신은 성공한 사람이 아니라, 그저 한 차례 성공했을 수 있다. 더할 나위 없는 자만심으로 가득했다가 영광의 자리에서 내려오면 그런 느낌을 알게 될 것이다.

예전에 망한 적이 있는 것과 지금 망할지도 모른다는 건 천양지차다. 예전에 망했다고 해서 지금 망하라는 법은 없다. 어떤 실패라도 개인화하지 마라. 현대 사회에서 사람들은 100년 전보다 수십 년 더 장수하며, 과거 어느 때보다 더 빠르게 정보에 접속한다. 당신은 수없이 자신을 혁신할 수 있다. 평생 한 가지 일만 하면서 살던 시대는 지난 지 오래다.

선수가 감독이 될 수 있고, 어린이가 소셜미디어의 명사가 될 수 있고, 학생이 교사가 될 수 있고, 작가가 정치인이 될 수 있다. 경력을 바꿀 수 있는 선택지와 가능성이 과거 어느 때보다 더 커지고 있다. 심지어 인생을 송두리째 무너뜨리게 만드는 사건도 기회가 될 수 있다. 가수 스티비 원더는 시각 장애인이다. 베토벤은 청각을 상실한 뒤에도 최고의 작품을 여러 편 썼다.

사실상 이처럼 새로운 경력이나 운명을 바꿀 수 있는 융통성을 발휘하는 사람들이 점점 더 늘어나고 있다. 직업, 생활 방식, 거주지를 일부러 자주 바꾸는 사람들도 많다. 그들은 어떤 칭호나 위치에 얽매이거나 정의되기를 바라지 않는 사람들이다. 아널드도 세 차례에 걸쳐 서로 관련이 없는 직업에 뛰어들어서 크게 성공했다. 배우 해리슨 포드Harrison Ford는 배우가 되기 전에 15년 동안 목수로 일했다. 배우 미키 루크Mickey Rourke는 부상 때문에 은퇴하기 전에 프로 복서였다. 존 그리샴John Grisham은 소설가가 되기 전에 10년 동안 변호사로 일했다.

자연은 '진공'을 싫어한다. 미국의 과학자 알렉산더 그레이엄

벨Alexander Graham Bell의 명언처럼 "한쪽 문이 닫히면 또 다른 쪽 문이 열린다." 당신은 무한한 내적 가치를 갖고 있다. 따라서 잃어버린 것을 되찾아 올 수 있다. 영원히 잃어버린 것이 있다면 그것 없이도 살 수 있다. 당신의 가치는 조금도 줄어들지 않는다.

모든 승자도 한때는
초보자였다

모든 대가도 한때는 정말 엉망이었다. 이 사실을 간과하기가 쉽다. 당신의 우상조차도 지금의 당신보다 경험이나 지식이 부족하고, 훨씬 뒤떨어졌던 때가 있었다.

누구나 어딘가에서 시작한다. 우아하게 애쓰지 않고 성공한 것처럼 보이는 위대한 사람들도 예외가 없다. 그들도 그렇게 보이기까지 수십 년의 노력을 기울였다. 천재로 태어나는 사람은 아무도 없다. 그들은 단지 그렇게 될 수 있는 무한한 잠재력을 갖고 태어났을 뿐이다. 타이거 우즈가 태어나자마자 드라이브로 300야드를 날린 건 아니다.

확신

기술과 직업은 오랜 시간 목적을 갖고 하는 연습, 고된 노력, 경험, 코치와 멘토, 잘못과 실패 그리고 부단한 피드백과 발전을 통해 학습되고 개발된다. 이 중에는 신체적·생물학적 제약을 극복한 사례도 있다.

타이론 보거스^{Tyrone Bogues}는 미국프로농구^{NBA} 역사상 최단신 선수였다. 신장이 160센티미터에 불과한 보거스는 샬럿 호니츠^{Charlotte Hornets}라는 팀에서 10시즌을 뛴 걸 포함해서 NBA에서 14시즌 동안 네 팀에서 포인트 가드(팀을 지휘하고 관리하는 선수)로 활약했다. 그는 총 세 차례 게임당 24점을 올렸는데, 작은 신장을 가진 선수에게 결코 나쁜 기록은 아니었다.

토미 모리시^{Tommy Morrissey}는 미국 어린이 세계 골프대회에서 4위에 올랐다. 그가 대회에 출전한 다른 아이들과 달랐던 한 가지 차이점은 외팔로 태어나서 왼팔로만 스윙한다는 사실이다.

이렇듯 어떤 제약에도 누구나 원하는 무슨 일이든 할 수 있다. 당신이 인생, 사업 또는 자산 면에서 본받고 싶어 하는 누구도 모든 것을 소유하지는 못한다. **당신이 우러러보는 기술과 특성을 갖고 태어난 사람은 아무도 없다.** 당신이 끈기 있게 장기간 목적을 갖고 연습해도 하지 못할 일을 할 수 있는 사람은 없다. 최소한 그런 사람과 비슷하거나 유사한 수준까지 위대해질 수 있다. 프로 골퍼가 되기를 꿈꿨던 사람이 훌륭한 골프 코치나 코스 설계자가 될 수 있다. 음악가가 되고 싶었던 사람은 위대한 프로듀서나 에이전트가 될 수 있다.

자신의 위치를 위대한 사람이 도달한 정상의 자리와 비교하지 말고 그들이 지금 당신의 위치에 있었을 때와 비교해보라. 그들은 지금 당신이 서 있는 곳에 있었을 수도 있지만, 그보다 더 멀리 뒤떨어져 있었을 수도 있다.

크리켓 cricket(배트와 공을 사용하는 단체 경기) 선수인 앨라스터 쿡 Alastair Cook은 영국 선수 중 최다 득점이라는 기록적인 경력을 쌓고 은퇴했다. 쿡이 가장 재능 있는 선수는 아니라는 건 주지의 사실이다. 그는 제한적인 기술만 갖고 있었고, 단점도 명확했다. 그리고 그는 다른 위대한 몇몇 선수들만큼 멀리 샷을 내보내지도 못했다. 하지만 쿡은 자신이 가진 기술을 충분히 활용했고, 잠재력을 최대한 발휘하며 자신이 어떤 선수인지를 분명히 보여줬다. 크리켓 선수들 중 쿡보다 더 '재능이 많은' 선수도 있겠지만, 그중에서 그의 수준에 도달하지 못하는 선수도 많을 것이다.

당신이 무언가를 처음 시작했을 때 자신의 위치와 지금의 위치를 비교해보라. 무술에서는 한 단계라도 승급하는 게 초급의 띠를 차고 있는 것보다 더 낫다.

확신

당신은 숙련되고, 뛰어난 분야에서 얻은 경험과 지식을 새로운 분야로 전환하거나 자신의 자존감을 전반적으로 올리는 데 활용할 수 있다. 당신은 훌륭한 부모일지 모르지만 이제 막 파트타임으로 사업을 시작했을 수 있다. 당신은 이미 당신 안에 있는 위대함에서 뭔가를 배우고 그것을 새로운 직업이나 기술에 활용할 수 있다. 물론 위대한 사람들이 가진 특성을 모델로 삼아보는 것도 현명한 처사지만, 말 그대로 **당신 자신을 모델로 삼을 수도 있다. 이는 당신의 자존감을 높이는 데 아주 효과적이다.**

끝으로, 당신이 위대해지기를 갈망하는 데 시간을 쓰다가 지금 있는 곳에서 즐기는 것을 잊어버려서는 안 된다. 미래만 바라보다가 지나치게 많은 시간을 허비한 나머지 지금 이 순간에 숨 쉬는 것조차 잊어버릴 수 있다. 그랬다가는 말 그대로 우리 코앞에 있는 선물을 놓칠 수 있다. 2007년 내 첫 번째 회사인 프로그레시브 프로퍼티Progressive Property를 창업했을 때가 기억난다. 나는 빠르게 성공해서 수백 가지 부동산을 소유하고 억만장자가 되기를 너무 간절히 바란 나머지 3년 동안 내가 스타트업 단계에 머무는 걸 절대 용납할 수가 없었다. 돌아보면 나는 항상 더 많은 걸 원했고, 당시의 유리한 상황이나 조건에 행복해하지 못했다.

• 간접비 부담이 없었고, 효율적으로 움직였다.

- 큰 꿈을 꾸는 게 너무 흥미로웠다.
- 아직까지 큰 난관이 없었기에 더없이 행복했다.
- 책임져야 할 직원이 없는 만큼 더 많은 자유를 누렸다.
- 내야 할 부가가치세가 없었기에 이윤이 더 높았다.
- 능력을 입증해 보이고 싶은 열정이 가득했다.
- 두려움이 별로 없었다.

충분히 자세히 살펴보면 아직 완성품이 아니거나 대가처럼 훨씬 앞서 있지 않아서 누릴 수 있는 장점을 쉽게 찾을 수 있다. 우리는 모두 똑같은 물질로 이루어져 있다. 우리는 인간으로서 가능한 일이라면 뭐든지 할 수 있는 무한한 잠재력을 가지고 있다. 모든 승자들도 한때는 초보자였고, 모든 대가들도 한때는 정말 엉망이었다.

사람과 돈, 인생이 당신을 따르게 하라

당신이 자신의 가치를 인정하지 않는다면 누가 그것을 인정해줄까? 당신이 자신을 믿지 못하는데 누가 당신을 믿어줄까?

면접시험을 보러 갔다가 "안녕하세요, 데이브라고 합니다. 저는 아무 쓸모나 가치가 없는 사람입니다. 혹시 제가 일할 자리가 있을까요?"라고 말했다고 상상해보자. 아니면 누군가에게 "안녕하세요, 트레이시라고 합니다. 저는 아무 가치도 없는 사람이지만 돈 좀 꿔주실 수 있나요?"라고 부탁한다면 어떨까?

당신이 힘들게 번 돈을 누군가에게 빌려줘야 한다면 자기 자신에 대한 믿음이나 확신, 자존감이 없는 사람에게 빌려주겠는가, 아니면 다소 건방지고 보증할 만한 신용이 없는데도 갚을 수 있다는 자신감을 보여주는 사람에게 빌려주고 싶겠는가?

자신을 소중하게 생각한다는 게 오만하거나 자기애가 강하다는 것은 아니다. 자신의 가치, 특별한 기술과 재능을 잘 알고 인정하는 것이다. 또 세상에 당신이 가치가 있고, 책임감이 있고, 문제를 해결할 수 있다는 사실을 자신 있게 보여주는 것이다. 그런데 이렇게 **자신을 세상에 보여줄 수 있으려면 자신에게 먼저 보여줘야 한다.**

전작인 『레버리지』에서 내가 자존감이 부족했을 시절에 알지 못해 아쉬웠던 피카소의 일화를 소개한 적이 있다. 다시 간단히 상기해보자. 피카소가 파리의 한 카페에 앉아 있었을 때 한 남자가 다가와 냅킨에 간단한 스케치를 해줄 수 있는지를 물었다. 피카소는 상냥하게 부탁에 응한 뒤 스케치를 끝낸 냅킨을 건네주면서 의뢰인에게 거액의 돈을 요구했다. 그러자 의뢰인은 소스라치게 놀라면서 "어떻게 그런 거액을 요구할 수 있습니까? 이 그림을 그리는 데 1분밖에 걸리지 않았잖아요?"라고 물었다.

그러자 피카소는 이렇게 대답했다.

"아니요, 40년이 걸렸습니다!"

당신도 마찬가지다. 당신은 특별한 기술과 재능과 경험을 겸비하면서 지금처럼 특별한 사람이 되기 위해서 한평생을 살아왔다. 그러면서 위대한 점뿐만 아니라 그것과 균형을 이루는 역할을 하는 공허감과 약점도 갖게 되었다.

다른 사람들이 자신이 한평생 매진해온 일과 소중히 쌓아온 가치를 존중하고, 더 발전시키고, 세상에 알리는 판국에, 당신이라고 못 할 이유가 무엇이란 말인가? 우리 모두 매력적인 이야기에 현혹되고 타인의 삶에 고무된다. 그러니 당신은 세상에 당신의 이야기를 떠들어라. 그것은 타인의 삶에 영감과 도움과 가치를 줄 수 있는 경험과 지혜로 가득 찬 귀중한 당신의 자산이다.

한 걸음 더 나아가서, 당신이 자신을 사랑하지 않는다면 타인의 사랑을 얻기 힘들어질 것이다. 이 사랑은 물론 '가볍게 좋아하고 넘어갈' 사랑이 아니라 '자신에게 진실한' 사랑이다. 갖고 있지도 않은 걸 남들에게 줄 수는 없다. 따라서 타인에게서 사랑을 받으려면 그것을 **외부에서 구하려고 애쓰지 말고 먼저 자기 자신을 사랑으로 채워야 한다.**

부자가 되려 하거나 부를 좇으려 할 때도 자신의 가치를 인정하거나 확신하지 못한다면 당신이 하는 사업이나 직업의 가치를 인정하지 못하게 된다. 자신의 시간도 귀하게 여기지 못하고, 전반적인 자존감에도 정당하고도 높은 가치를 부여하지 못할 수 있다. 그러다 보면 자신을 혹사하게 되고, 자기 값어치를 스스로 깎아내리고, 고객이나 상사나 회사로부터 제대로 인정받지 못한다. 또 돈을 벌 자격이 안 된다고 느끼므로 많은 돈도 벌지 못할 것이다.

스스로 자책하고 비하하면서 자신이 가진 가치를 인정하지 못하는 사람이 많다. 당신은 당신에 대한 모든 위대한 장점을 얼마나 자주 상기해보는가? 자신의 가치를 조금이라도 깎아내리려고 할 때마다 생각을 바꾸어 당신이 가진 위대한 점을 생각해보는가? 그보다는 잘못하고 실수한 일들과 나쁜 습관이나 특성을 곱씹어보면서 아까운 시간을 허비하는 경우가 더 많다.

자신이 가진 장점 50가지 내지는 100가지를 정리해보라. 시간을 정해 규칙적으로 또는 자신에게 스스로 엄하게 굴려고 할 때마다 시도해보라. 이런 연습이 당신 자신에 대한 인식에 어떤 영향을 미칠지 생각해보라. 물론 종종 혼란에 빠질 수도 있다. 나쁜 부모, 나쁜 상사, 나쁜 돈 관리자, 나쁜 친구, 나쁜 파트너, 나쁜 사람들 때문이다. 그러나 작은 일이건 큰일이건 잠시 멈춰 서서 자신이 한 일을 응원해보라. 자신에 대한 칭찬에 인색한 사람이 많다.

예를 들어 당신이 부모라면 아이들에게 소리치지 않는 모든 날은 멋진 날이며, 그런 날마다 당신은 '올해의 부모상'을 받을 자격이 있다. 당신이 사업가라면 부도가 나는 일이 없이 회사를 운영하는 해마다 역경을 극복한 것이니, 직원들에게 가장 멋진 파티를 열어줘도 된다.

인생은 고달플 수 있고, 살면서 당연히 해야 한다고 생각하는 많은 일이 사실은 대단한 일일 수도 있다. 자신의 가치를 인정하면, 온 세상이 당신의 가치를 인정해줄 것이다. **세상은 당신과 당신의 인식을 보여주는 '거울'이기 때문이다.** 자책하지 말고 자신을 띄워주는 상상을 해보라. 자신을 불공정하게 비판하지 말고 온정적 눈길로 바라봐주면서 자신에게 최고의 팬이 되어줘라.

자신의 가치를 인정할 때야말로 사람도, 돈도, 인생도 당신을 진심으로 따르게 된다.

PART 3

타인의 평가에
흔들리지 않는 힘

· 제3원칙 ·

성공하려면 직접 운전대를 잡아라

평가받을
용기

잠시 편하게 쉬면서 다른 사람들이 당신을 어떻게 생각하는지에 전혀 신경 쓰지 않았다고 상상해보라. 이전에 두려워했던 모든 일들을 상상해보라. 낭비된 시간과 에너지에서 모두 벗어났다고 상상해보라. 머릿속에 있는 모든 생각과 의심과 목소리로부터 자유로워졌다고 상상해보라.

당신이 누구든 사람들은 당신에 대한 의견을 가질 것이다. 사람들은 당신을 사랑하고 혐오하고, 당신을 지지하고 당신에게 맞서고, 당신을 일으켜 세우고 끌어내릴 것이다. 당신이 누구인지, 무슨 말을 하든지에 상관없이 당신을 좋아하는 사람과 싫어하는 사람이 생길 것이다. 어쩌면 당신 마음에 안 드는 당신의 단점을 사랑할 것이다. 혹은 당신이 좋아하는 당신의 장점을 싫어할 것이다. 당신이 변한다면 당신을 사랑하기도 하고 혐오하기도 할 것이다.

나는 내 상태가 더 나아질수록 나를 싫어하는 사람들이 줄어들 거라고 생각하곤 했다. 하지만 **현실은 내가 더 나아지고, 잘 알려지고, 내 진정한 모습을 내보일수록 더 많은 비평가들을 끌어들였다.** 나를 보는 사람이 많아질수록 나를 미워하는 사람도 많아지는 식이다. 나를 알고 있는 사람들 중 2퍼센트만이 나를 싫어한다고 해도(이 정도면 낮은 비율이다) 100만 명 중 2만 명, 1000만 명 중 20만 명이 나를 싫어하는 게 된다.

대부분의 사람들이 멀리 숨어서 눈에 띄지 않게 행동하면서 이런 일을 당하지 않으려고 한다. 그들이 알고 있는 사람이 100명 뿐이라면 그를 좋아하지 않을 사람은 불과 2명에 불과하다. 그런데도 왜 그 얼마 안 되는 비평가들을 피하려고 운신의 폭을 좁히면서까지 자신의 참모습을 세상에 보여주지 말아야 하는가? 당신을 존경하고 존중하는 나머지 98명은 어떻게 하란 말인가? 혹은 98만 명이나 980만 명일 수도 있다!

사람들이 당신에 대해 비판하는 당신의 명백한 결점, 특이점 그리고 차이점이 바로 당신을 지금의 당신으로 만드는 정체성이다. 이는 곧 세

확신

상이 갈망하는 당신의 특별함이다.

가수 마릴린 맨슨^{Marilyn Manson}은 데뷔 당시 대부분의 사람들에게서 '기괴하다'는 평가를 받았다. 하지만 그는 특이하고 재능도 있다. 벤저민 프랭클린은 매일 아침 모든 집 창문을 열고 한두 시간 동안 벌거벗은 채 있곤 했다. 그는 그렇게 해야 몸이 정화되고 질병에서 자신을 지킬 수 있다고 믿었다(나도 한 번쯤 시도해봐야겠다!).

토머스 에디슨은 먼저 맛도 안 보고 수프에 소금부터 첨가하는 사람을 고용하지 않을 것이다. 그는 자신의 가정을 행동에 옮기기 전에 먼저 '맛보는' 사람들을 고용하고 싶었다.

플로피 디스크 등 3000개의 발명품을 발명한 나카마츠 요시로 Nakamatsu Yoshiro는 물속으로 다이빙해서 죽음에 가까워졌을 때 최고의 아이디어가 떠오른다고 주장했다. 이렇듯, 누구나 남달리 기이한 점이 있지만, 그 덕분에 특별한 가치를 얻고 위대해진다.

내가 미혼이었을 때 주위 사람들에게 "나는 결혼 상대를 찾지 않는다"라거나 "나 혼자 살아도 행복하다"라고 말하곤 했는데, 사실 전부 거짓말이었다. 나는 댄스 음악에 관심이 없었고, 술을 잘 마시기는 했지만 실제로는 즐기지 않았다. 몹시 외로웠고 누군가를 만나고 싶었다. 다만 엄청나게 두려웠다.

돌아보면 학창 시절, '수영복이 제일 어울리지 않는 아이'라는 소리를 들으며 지낸 탓에 거절에 정말 민감해졌다. 오죽하면 거절당할 경우를 대비해서 어떤 것도 부탁하지 않을 정도였다.

이후 10년 가까이 지나 살도 뺐지만, 학창 시절 쌓인 응어리는 여전히 강했다. 친구들과 함께 술집에서 술을 마실 때는 모델 신디 크로퍼드Cindy Crawford 같은 누군가가 다가와 면전에서 영원한 사랑을 선포해주기를 바랐다. 그렇지만 나는 밤새 술집에 서서 구경이나 하면서 시간을 보냈다. 혹시나 한 여성이 뒤돌아보며 나를 보고 웃는 아주 드문 일이 생기더라도 나는 고개를 숙이거나, 더 나쁜 경우 그녀가 나를 보고 웃을 리 없다고 생각했다.

몇 년 동안 나는 이런 외로움과 내적으로 씨름하며 왜 어떤 사람들은 거절당하거나 바보처럼 보이는 것에 대해 신경 쓰지 않는지 이해하려고 애썼다. 사실 그들은 실제로 실없는 사람처럼 보이는 것을 좋아했다. 어떻게 그럴 수 있을까?

필(가명)이라는 친구에게 거절을 용인할 수 있는 능력을 어떻게 하면 가질 수 있는지 물었다. 그는 "나는 그냥 거절당하는 게 재미있어. 인생은 짧잖아. 나는 거절에 대해 심각하게 생각하지 않아. 그리고 내가 거절당하면 그건 내가 아니라 그들 때문이라고 생각해. 그들이 나를 몰라서지. 조금 바보처럼 보여도 괜찮아.

내가 충분히 많은 사람에게 물어보면, 누군가가 내 말을 들어줄 거야."
라고 답했다.

와, 간단하면서도 간단하지 않은 대답이었다. 왜 진작 물어보지
않았는지 후회되었다. 사실 질문해도 답변을 거절당할까 봐 겁났
다. 또 내가 연약하거나 멍청해 보이는 게 두려웠다. 이미 다 알고
있는 것처럼 보이고 싶기도 했다.

판단의 대상이 되고, 멍청해 보이고, 다른 사람들 앞에서 실수
를 저지를까 봐 느끼는 두려움은 사회가 존재하기도 전에 존재했
다. 인간은 수렵 채집 부족에서 진화했는데, 당시 부족이나 씨족
에게서 내리는 판단이 당신을 버림받지 않도록 막아줬다. 버림받
거나 유배된다는 건 사실상 죽게 된다는 뜻이었다. 이렇듯 진화
의 과정에서 안전을 보장하고 위협을 피하기 위한 수단으로 사회
적 민감성을 발달시켰다.

이런 수단은 오늘날에도 여전히 도움이 되지만, 이제는 위협을
주는 주체들이 바뀌었다. 즉 소셜미디어, 연설, 시험, 발표, 데이트
신청, 취업 면접 등 다양한 경로로 위협받는다. 또 개인별로 이런
위협을 단지 몇십 년 동안만 경험해봤을 뿐이다. 수천 년의 진화
를 겪으며 연결된 맥락은 찾기가 어렵다. 우리는 말 그대로 주변
의 환경을 충분히 빨리 따라잡을 수 없다.

우리가 더욱 문명화되고 안전한 사회 속에서 살고 있는 이상 판단이나 조사 대상이 될지 모른다는 두려움, 불만족감, 당혹감, 굴욕감, 우울감 등의 감정에서 비롯되는 대부분의 감정은 상상력이 만든 허구에 불과하다. 그들은 진짜가 아니며 시대에 뒤처졌다. 당신은 타인이나 사회가 말하거나, 행동하거나, 생각하지도 않은 엄청난 양의 '거지 같은 일'을 매일 상상한다. 하지만 그것이 당신의 시간을 망친다. 상상력은 현실을 망칠 수 있다. 현대 사회에서 비난이나 거절을 당하는 일은 원시시대에서와 같이 실제로 죽음에 이른 상황은 아니다. 그런데도 다른 사람들이 하는 논평, 예측, 심지어 믿음까지 받아들이는 건 말 그대로 '미친 짓'이다.

학교 친구들이 내 뒤에서 '비곗덩어리'라고 흉을 본다고 생각했던 것의 절반은 사실이 아니었을 것이다. 그들이 속삭이거나, 코웃음을 치거나, 그냥 웃을 때마다 나를 두고 그러는 거라고 생각했지만 실제로 그랬던 게 몇 번이었을지 의심스럽다.

당신이 어떻게 평가받거나 조롱당했는지와 관련된 과거의 사건에 얽힌 강한 감정적 기억이 현재에 영향을 미치지 못하게 막아라. 다른 사람들이 당신에 대해 어떻게 느끼는지가 자기 자신에 대한 느낌에 영향을 주게 한다는 건 정말로 무의미하다. 타인은 당신을 모른다. 그들은 단지 그들 자신의 경험을 통해 당신을 판단하고 해석할 뿐이다. 타인의 의견이 당신 자신의 가치에 대한 느낌에 영향을 주게 한다면 당신은 영원히 당신의 미래에 부정적인 영향을 주는 과거의 희생자가 될 것이다.

사람들이 타인을 생각하는 데 한 달에 30분 미만을 쓰지만 우리는 그 시간을 한 달에 3시간 정도로 여긴다고 한다. **사람들은 우리가 생각하는 것보다 6배나 적게 우리에 대해 이야기하거나 생각한다.** 그들은 너무 바빠서 당신에 대해 생각할 여유가 없다.

판단의 대상이 되고, 멍청해 보이고, 실수하는 것에 대한 두려움에서 해방돼라. 그만 걱정하라. 진짜 당신을 찾아라. 사람들은 당신이 자신을 어떻게 평가하든 항상 당신을 판단할 것이므로, 당신은 원하는 사람이 되고, 원하는 걸 갖고, 원하는 일을 하는 게 무조건 낫다.

인정욕구

우리는 권위와 뿌리 깊으면서도 종종 복잡한 관계를 맺고 있다. 우리가 생각하고 말하기도 전에 경험하는 것 중 하나가 바로 권위다. 우리는 가정이나 사회에서 우리를 보살피는 권위 있는 인물들에게 본능적으로 반응한다. 결국 우리의 생존은 개인으로서나 종으로서 위험에서 보호받을 수 있느냐에 달려 있으며, 우리를 보살펴주거나 사랑하는 사람들은 이런 보호를 해주기에 최적의 위치에 있다. 사랑과 보호는 안정감을 보장하며, 대개 거절은 위협으로 인식된다.

우리에게 큰 영향을 미치는 사람들이 말하고 행하는 일 모두 그들에 대한 우리의 인식과 감정에 엄청난 영향을 끼친다. 그들이 친절과 자비로 우리를 호의적으로 바라볼 때는 그들을 우상화할지도 모른다. 그들이 잔인하고 편협해서 칭찬과 인정을 빼앗아 갈 때는 그들을 원망하거나 증오할 수 있다. 한편 관심조차 보이지 않으면 무시당하는 느낌을 받는다.

우리는 권위자들을 기쁘게 만들거나 그들의 기대를 따르길 간절히 원하다가 자칫 그들에 의해 조종되거나 그들이 권력을 남용하게 만들 수 있다. 반대로, 권위자들을 적대적이고 교묘한 사람들로 간주하며 그들에게 저항하고 반항할 수 있다.

권위에 대해 우리가 쌓아온 인생 경험은 우리 자신에게 필요한 인정을 추구할 때 큰 영향을 미친다. 권위를 싫어하고 권위에 저항했다면 권위에 의존하지 않을 것이다. 권위자들에게 학대를 당했다면, 그런 권위자가 되지 않으려 할 것이다. 한편 권위자들을 사랑하고 존경해왔다면 권위를 갈망할지도 모른다.

권위는 궁극적으로 우리를 보호하지만, 자존감의 배터리를 소모하거나 충전하는 다른 요인들과 마찬가지로 장단점이 있다. 권위와 긍정적인 관계를 맺었을 때는 인생에서 얻는 장점이 많다.

- 위기에 덜 흔들리는 통일성과 안정감
- 명확한 규칙과 규율의 준수

- 압박을 받는 상황 속에서 침착함과 통제감 유지
- 리더십, 생산성, 창의성, 소통 능력과 응집력

물론 권위와 부정적인 관계를 맺을 때 생기는 결과도 있다.

- 과잉보호하는 부모 때문에 생기는 불안감과 의존성
- 사회적 능력, 책임감 및 심리적 복원력의 부족
- 불만족스러운 어린 시절 때문에 자기 자녀의 요구를 거절
- 내적 갈등과 혼란을 낳는 일관성 없는 권위적 행동
- 규칙이나 규율을 준수하려는 의지의 부족

자존감을 높이려면 지금까지 살아오면서 만난 권위자들과 맺어온 관계에 대해 질문해볼 필요가 있다.

- 당신이 느끼는 불안감의 일부는 권위자들에게서 사랑과 관심을 얻으려는 과정에서 생겼는가?
- 어렸을 때 채워지지 않았던 공허함을 어른이 되어 다른 사람들에게서 채우려고 하는가?
- 권위에 존경심이 없어서 스스로 절제하지 못하고, 반항적이며 비생산적인가?

- 권위자에 비해 자신을 부정적으로 평가하는가, 아니면 그들의 기대에 부응하며 살려고 애쓰는가?
- 타인의 비위를 맞춰 인정을 받거나 그들을 실망시키지 않으려고 중요한 결정을 내리거나 회피하고 있는가?
- 다른 사람의 부정적 또는 비판적 반응을 두려워하여 중요한 결정을 내리거나 회피하는가?
- 다른 사람을 감격시키거나 기쁘게 해주려고 지나치게 많은 것을 주면서 정작 자신에게는 충분하게 베풀지 않는가?
- 오래전에 죽거나 세상을 떠난 사람들에게서 인정, 수용, 사랑을 구하거나 과거의 사건에 집착하는가?

당신의 인정욕구가 실패에 대한 두려움 또는 타인의 평가와 연결되어 있는가? 권위와 맺고 있는 관계가 당신의 현재 행동을 어떻게 이끌고 있고, 어떻게 당신을 자유롭게 하는 것으로 바뀔 수 있는지를 생각해보라.

내가 운영하는 페이스북 커뮤니티에서 이 주제에 관해 이야기했을 때 니콜라스라는 사람이 했던 말로 마무리하고자 한다.

"나는 순응주의가 내 삶에 얼마나 큰 영향을 미쳤는지를 목격했다. 나는 사회적 규범이나 우리 가족이 대대로 해온 일은 그냥

해야 하는 일이라고만 생각했다. 하지만 나는 나고, 내게 최선이
라고 생각하는 일을 할 것이다. 어떤 증거도 보지 못했다면 아무
리 믿으라고 해도 하늘에 마법사가 있다는 말을 믿지 않는 것과
같은 이치다."

　　나를 가로막는 다른 사람들에게 저항하고 맞설 수 있을 정도로
높은 자존감을 가져야 한다. 그런 자존감은 당신을 구속하는 사
람들을 멀리 밀어낼 것이다.

타인이 떠넘긴
감정의 짐

우리는 모두 힘든 시절을 겪었다. 그것이 몇 년일 수도, 아니면 짧은 순간일 수도 있다. 우리는 종종 그런 힘든 시절의 상처를 덮고 있던 감정의 딱지를 떼어내고, 현재의 다른 사건과 사람들 앞에 쏟아낸다. 내가 말하는 '사람들'이 우리 아이들, 가족, 친구, 직원, 고객처럼 우리와 가까운 사람들인 경우도 종종 있다. 우리가 사랑하는 사람들이 우리 짐을 대신 처리해줘야 한다는 게 공평할 리 없지만, 그렇게 될 때가 있다.

물론 우리는 과거의 기억과 경험을 떠올려 현재의 문제를 해결하는 데 시간을 절약할 수도 있다. 우리가 안전을 보장하거나 위협에 대처하기 위해 과거의 증거들에 의존할 수 있다면, 생존에 도움이 될 것이다. 반면 극단적인 감정과 고통스러운 기억들을 휘발성 있는 강렬한 감정의 형태로 끄집어냄으로써 지금 눈앞의 사건들에서 벗어나는 것처럼 보이게 할 수 있다. 자신을 보호하기 위해 다른 사람을 마구 공격하는 것이다.

우리가 당하는 쪽일 때 이런 과정을 모른다면 속앓이를 할 수 있다. 반격하면서 악순환을 가중시킬 수도 있다. 자신에게 상처를 주었던 모든 마음의 짐과 감정적인 기억을 끄집어내는 것이다. 이런 일이 일어날 때마다 마음의 짐은 먹구름이 한꺼번에 몰려오듯 점점 더 두껍게 쌓여갈 수 있다. 최고의 비유는 아니었겠지만 내 말뜻을 알아줬으면 좋겠다.

어떻게 하면 당신이 타인의 '짐 떠안기기'를 중단시키는 일에 전적인 책임을 질 수 있겠는가? 우선 사람들이 당신에게 짐을 떠안기는 상황을 살펴보자.

- 거절당하거나 상처받은 일로 상한 감정을 퍼부을 때
- 질투나 시기, '키 큰 양귀비 증후군Tall poppy syndrome〔재능이나 성과가 뛰어난 사람이 오히려 분노와 공격의 대상이 되는 현상〕' 때문에 당신을 억누르거나 밀어낼 때
- 그들의 시각과 가치를 강요할 때

확신

- 그들의 문제를 당신의 문제로 만들려고 노력할 때
- 외로워서 도움이 필요할 때
- 모든 비판을 감정적으로 받아들이고, 비판에 방어적이고 저항할 때
- 극도의 압박감 탓에 감정이 폭발할 때(하필 당신은 장소와 시간을 잘못 골랐다)

당신이 다른 사람의 짐을 완전히 통제할 수는 없더라도 자신의 짐을 관리할 수는 있다. 당신이 덩달아 짐을 투하하는 과정 자체를 중단함으로써 변화를 이뤄낼 수 있다. 당신은 사람들이 처한 문제 상황에 동정심을 보여줄 수 있다. 공감하는 모습을 보이면서 그들의 감정에 반응하지 않으면 그 감정을 내려놓게 할 수 있다. 그런 다음에는 그들이 왜 감정적으로 변했는지 이해하고 그런 상황을 바로잡는 데 도움이 될 만한 지식을 제공할 수도 있다.

나는 인생에서 가장 중요한 두 파트너십, 즉 내 사업 파트너와 아내 덕분에 이러한 교훈을 힘들게 배워야 했다! 아내는 아주 조용하고 사려 깊고 내적으로 감정을 처리한다. 내 사업 파트너는 아내와는 정반대로 시끄럽게 떠들면서 여러 번 되풀이해 감정을 발산한다. 우선 나는 아내와 함께 문제가 뭔지 파고들어 알아내려고 했다. 하지만 이런 노력이 오히려 상황을 더 악화시켰다. 내

가 종종 감정적 반응을 보였기 때문이다. 내 사업 파트너에게는 그가 전에도 열 번 정도 나에게 똑같은 말을 했다고 말해주곤 했다. 나는 항상 그의 말을 경청하려고 애썼지만, 그가 원하는 관심을 보여주기가 힘들었다.

두 가지 상황 모두에서 나는 아무것도 안 하고 오로지 듣고 관심만 보이는 게 그들 모두가 가진 문제를 해결할 수 있는 최선의 방법임을 배웠다. 상황이 악화되는 경우는 항상 내가 느끼는 불안감과 감정적 반응을 덧붙였을 때였다.

이 과정에서 타인의 기분 때문에 내 기분이 좌지우지되지 않는 법을 배웠다. 타인의 기분이 아무리 나빠도 자기 기분을 유지하라. 당신에게 일어나는 사건을 감정에 휘둘리지 않고 있는 그대로 받아들인다고 상상해보라. 그러면 사건의 명료함과 현실감이 커진다. 인간관계뿐만 아니라 다른 문제에 관해 인생의 여정이 얼마나 순탄할지 상상해보라. 소통하고, 문제를 해결하고, 일을 처리하기가 얼마나 더 쉬워질지 상상해보라.

당신이 가족, 사업, 삶의 리더라면 소중한 사람들을 보호하기 위해 최선을 다해야 한다. 그래야 그들이 영감을 받고 활력을 유지할 수 있기 때문이다.

확신

지금 모습 그대로
사랑받고 싶다면

"지금 내 모습 그대로 사랑받고 싶어"라고 말하는 사람이 많다. 인간의 뿌리 깊은 욕구이기 때문이다.

당신의 지금 모습 그대로 사랑을 받는 방법은 하나밖에 없다. 당신이 진정 지금 모습 그대로 사랑받고 싶다면, 지금 알려주는 방법은 효과를 보증한다. 그러나 이것이 쉬운 방법은 아니다. 사실 많은 사람이 이를 가장 어려운 방법이라고 생각한다. 나는 또한 지금 모습 그대로 사랑받지 않는 방법이 있다고 단언한다. 세상에 당신의 가짜 모습을 보여주면 된다. 이러한 자기표현을 둘러싼 환상은 다음과 같다.

- 자신이 아닌 타인의 기대에 부응하기
- 갈등을 두려워하고 타인에게 자신을 종속시키기
- 거부와 조롱을 두려워하고 진정한 자신의 모습을 감추기
- 자신의 업적을 과장하거나 부풀리기
- 본래의 모습을 버리고 지나치게 비굴하게 굴기
- 사람들이 보고 싶어 한다고 생각하는 모습만 보여주기

지금 모습 그대로 사랑과 인정을 받을 수 있는 보장된 방법은 단순하다. **세상에 당신의 '진짜' 모습을 보여주는 것이다.** 물론 조롱이나 거절, 실패의 위험이 뒤따른다. 하지만 세상에 당신의 '가짜' 모습을 보여줄 때도 똑같은 위험을 감수해야 한다.

당신은 당신에게 끌리는 사람들, 즉 인생과 사업의 파트너, 고객, 팔로워, 팬을 당신의 삶으로 끌어들인다. 이 사람들은 대개 당신 안에서 목격하는 그들 자신과 비슷한 모습이나 저마다의 욕망에 따라 당신에게 끌린다.

당신이 세상에 '가짜' 모습을 보여준다면, 당신은 그런 모습에 끌리는 사람들을 당신 인생에 끌어들일 것이다. 이런 일이 일어날 때 당신은 자신의 가치관과 맞지 않는 사람들에게 둘러싸여 있거나, 설상가상 당신의 에너지만 축내는 무의미한 사람들에게 둘러싸여 있는 자신을 발견하게 된다.

확신

당신이 자신에게 충실하다면, 위와 반대되는 사람들을 인생에 끌어들일 것이다. 그들의 건전한 비평은 당신이 자연스럽게 균형을 유지할 수 있게 해준다. **당신이 자신에게 충실하지 않다면, 그만큼 적들을 끌어들이게 된다.** 그들은 실제로 존재하지 않는 당신의 모습만 비판하는 무익한 존재가 된다.

어느 쪽을 선택하건 약간의 고통이 수반될 수밖에 없다. 처음에는 고통을 덜 느끼는 쪽을 선택할 수 있는데, 이때 당신은 취약해져서 거절과 조롱을 당할 위험이 있다. 예를 들어 당신 면전에서 퇴짜를 놓을지 모르는 사람에게 "사랑해"라고 말한다는 건 무서운 일이다. 형편이 어려워졌을 때 이상한 소리를 들을까 봐 돈을 꿔달라고 요구하기도 무섭다. "모르겠다"라거나 "못 하겠다"라거나 "미안하다"라고 말하면서 자신의 결점과 단점을 인정하기도 무섭다.

그러나 후자의 고통이 더 클 수 있다. 그것은 나와 맞지 않는 사람들과 어울리며 평생 거짓된 모습으로 살아야 한다고 할 때 느끼는 고통이기 때문이다. 그것은 이미 끝났다는 걸 아는 관계를 유지하거나 수십 년 동안 적성이 맞지 않았던 일을 하거나 자신은 원하지 않지만 부모님이 원하는 삶을 살면서 느껴야 하는 고통이다. 당신은 세상에 자신의 참모습, 결함, 결점 등을 모두 보여줬을 때 인생에서 적절한 사람과 결과를 끌어모을 수 있다.

당신이 자신을 소중히 여기거나 사랑하지 않는다면, 다른 누가 왜 그렇게 하겠는가? 자신을 소중히 여기며, 그렇다는 사실을 세상에 알린다고 해서 아는 체하거나 자기애에 빠진 사람임을 보여주는 건 아니다. 자신의 가치, 특성, 기술을 알고 인정하기는 쉽다. 당신의 결점을 받아들이고, 그것을 포용하고, 그것이 다른 사람들을 해치지 않는 한 가끔 그걸 보고 웃어라. 너무 집착하지 마라. 당신은 당신이 알고 있는 것을 갖고 최선을 다하고 있다. 세상에 당신의 참모습을 자신 있게 보여줘라. 당신이 알고 있지만 자주 보여주지 않는 '당신'을.

확신

용서하는 사람이
가장 크게 얻는다

원망, 쓰라림, 분노, 질투, 증오는 한번 휘말리면 당신을 계속 괴롭히거나 해칠 수 있는 유독한 감정이다.

나와 내 사업 파트너인 마크는 우리의 처음이자 마지막 직장에서 해고당했다. 특히 나는 1년도 채 일하지 못하고 회사를 그만뒀다. 고용 계약도 맺지 않았고, 공식적인 훈련이나 멘토링도 받지 못했다. 전 상사는 가끔 우리에게 터무니없는 업무 지시를 내린 다음에 업무를 끝내지 못하면 해고하겠다고 위협했다. 그는 우리가 낸 제안들을 대부분 거절했고, 우리에게 제멋대로 퍼부어댔다. 우리는 해고 직후 부당해고 소송을 제기했다. 1년 동안 이어진 소송은 결국 우리의 승소로 끝났다. 전 상사는 이후 2년간 업계 사람들에게 우리 험담을 하고 다녔다.

마크와 나는 여러 해 동안 전 상사와 그가 우리를 대한 방식에 대해 분노와 쓰라림과 원망을 공유했다. 우리는 그를 위해 사업을 발전시키기 위해 애썼고, 회사의 매출을 올려줬지만 돌아온 건 매우 감정적이고 일관성 없는 모습이었다. 우리가 회사를 나오고도 2년 정도 회사는 잘 굴러가는 것 같았다. 그러자 우리의 원망은 어느 정도 질투로 변하게 되었는데, 당시 나는 내가 질투를 느낀다는 사실을 인정하지 못했다.

고맙게도, 내가 자기계발에 투자한 시간과 돈이 낭비되지는 않았다. **우리의 관계에는 숨겨진 혜택도 있었고, 부정적인 감정의 상당수는 나 자신이 일으켰음을 깨달았다.**

처음에는 이런 사실을 받아들이기 힘들었다. 하지만 시간이 흐를수록 이런 생각이 위대한 치유제 역할을 했다. 내가 상사가 되면서는 더 균형 잡힌 시각을 가질 수 있었다. 과거 경험이 내 인생에 가져다준, 미처 몰랐던 혜택을 발견하는 연습을 하면서 내가 느꼈던 모든 나쁜 감정이 감사함으로 바뀌게 되었다.

예를 들어 전 상사는 내 이력서를 보지도 않고 나를 고용했다. 그는 내 가족을 제외하고, 그 당시의 나를 고용해줄 거의 유일한 사람이었다. 그는 내가 사회에 첫걸음을 내딛게 해줬고, 내 인생을 송두리째 바꿔놓은 부동산 사업에 진출할 수 있는 다리를 놓아주었다. 상사치고는 많은 자유를 주기도 했다. 또 내게 여러 명의 위대한 사람들을 소개해주었는데, 그때 마크를 알게 되었다. 마크는 내게 투자했고, 훌륭한 책들을 추천해주었다. 또 몇 가지 혁신적인 경영 기술을 포함하여 부동산과 사업에 대해 많은 것을 가르쳐주었다.

전 상사가 우리를 해고한 이유 중 하나는 우리가 회사를 나가고 싶어 한다는 것을 알았기 때문이었다. 그는 우리를 우아하게 해고하지는 않았지만, 우리 역시 경쟁 상황에 처하다 보니 이제는 그의 기분을 알 것 같다. 그의 관점에서는 내게 기회를 주고, 마크와 친분을 쌓게 도와줬더니 함께 떠나버린 것이었다! 전 상사의 입장을 이렇게 균형 있게 볼 수 있게 되자 원망할 게 거의 다 없어지고 감사할 것만 많이 생겼다. 내가 이런 과정을 거치는 동안 시간이 필요하긴 했지만 용서할 것조차 없었다.

다른 사람들이 당신에게 저지른 잘못을 용서하라. 그들은 당신과 관점이 다를 뿐이며, 거기에는 단점만큼 장점도 있다. 당신이 연민과 공감으로 그들의 사정을 헤아린다면 당신이 그들의 행동에 부여한 의미와 거기서 느끼는 감정적 반응을 떨쳐버리는 데 도움이 될 것이다.

당신 아들이 여동생과 몸싸움을 하려고 한다면, 그는 학교에서

왕따를 당하고 있을지도 모른다. 누군가가 당신 차 앞을 끼어든다면 그는 아마도 중태 상태인 애인을 만나러 병원으로 급히 가고 있는 것일 수도 있다. 누군가 당신을 비난한다면, 그는 자신에게 벌을 내리고 있는 건지도 모른다.

다른 사람을 용서하려면 몇 가지 연습이 필요하다.

- 시간을 갖고 그들의 관점에서 세상을 바라보기
- 그들이 그렇게 반응하는 이유를 이해하고 공감하기
- 당신이 아니라 그들의 문제로 분리해서 생각하기
- 당신이 불편이나 고통을 느껴도 그들을 용서하기
- 당신이 처한 상황의 단점 외에 장점 역시 살펴보면서 당신에게 그것이 어떻게 도움이 되었는지 알아보기
- 강력하고 감정적인 사건이 삶에 더 큰 의미를 부여해줄 수 있게 그것이 유발한 고통을 전환하기

당신이 정말 힘들고 불쾌한 경험을 했다면 용서가 그렇게 간단하지 않을 수도 있다. 나는 당신이 용납할 수 없는 행동을 묵인하라는 게 아니라 그것과 함께 살면서 그것에서 벗어나라는 말을 해주는 것이다. 학대를 당했다면 전문가를 만나야겠지만, 기본적으로 용서는 타인을 위해서가 아니라 당신을 위해서 하는 것이

다. 당신을 지배하고 있는, 그들의 행동이 초래한 속박에서 벗어나야 한다. **당신의 삶과 관계에 영향을 미치고 있는 유해한 감정들의 축적물을 방출해야 한다.**

스티븐 맥도널드Steven McDonald는 1986년 뉴욕 센트럴파크에서 한 10대에게 총격을 받아 사지가 마비되었을 때 젊은 경찰관이었다. 그는 이후 "내 척추에 총알을 맞은 것보다 유일하게 더 나쁜 일이 내 마음속에서 복수심을 키우는 것이라고 믿었기에 나를 쏜 청년을 용서해줬다"라고 말했다. 게다가 복역 중인 가해자와 편지를 주고받으면서 언젠가 두 사람이 함께 용서와 비폭력의 중요성을 보여줄 수 있기를 기대했다. 불행하게도, 10대 청년은 석방된 지 3일 만에 오토바이 사고로 사망했지만, 맥도널드는 여전히 자신의 메시지를 전달하기 위해 전국을 여행하고 있다.

사메레 알리네자드Samereh Alinejad는 그녀의 10대 아들이 살해된 후 오로지 보복만을 꿈꿨다. 그러나 그녀는 아들의 살인자를 사면해줬다. 살인자가 교수대에 오르기 직전에 일어난 극적인 변화였다. 그녀는 그 일로 영웅으로 칭송받았다.

소방서에서 장시간 교대근무를 하던 소방관 맷 스왓젤Matt Swatzell은 운전 중 잠이 들어 다른 차량과 충돌했다. 그 사고로 임신 중이던 준 피츠제럴드June Fitzgerald의 목숨을 빼앗고 그녀의 19개월 된

딸을 다치게 했다. 준의 남편인 피츠제럴드 목사는 스왓젤의 형량을 줄여달라고 요청했다. 또한 그를 직접 만나 대화하는 시간을 가졌다. 여러 해가 지난 뒤에도 둘은 친하게 지낸다. 피츠제럴드는 "용서를 받은 만큼 용서해주라"라고 말했다.

1981년 교황 요한 바오로 2세는 암살을 시도한 남성 때문에 중상을 입고 긴급 수술을 받아야만 했다. 하지만 교황은 암살범이 수감된 감옥에 찾아가 그가 자신의 동생이며 이미 용서를 받았다고 말했다.

나는 이런 이야기들을 읽을 때마다 크게 감동한다. 누군가를 용서하는 일이 쉽지 않을 때마다 이 사람들이 보여준 놀라운 위엄과 연민의 정신을 떠올린다.

시간을 내서 찾아보면 모든 것이 선물이거나, 혹은 그 안에 선물이 들어 있다. 사람들이 당신에게 잘못할 때마다 역으로 해준 일이 있다. 원망과 분노처럼 유독한 감정을 품고 있는 사람이 있다면, 그러한 감정을 일으킨 사건을 다시 살펴보고 그가 당신에게 어떻게 도움이 되었고, 당신을 어떻게 더 강하게 만들어줬는지를 확인하라. 긍정적인 면을 보면서 성장할 수 있도록 부정적인 면에 고정된 시선을 돌려라.

홀로서기 연습

말을 물가에 데려다줄 수는 있어도 말이 물을 마시게 만들 수는 없다. 당신은 누군가를 책임질 필요가 없다. 타인의 성공이나 실패를 조종할 수도 없다. 모두를 돕거나 구할 수도 없다.

어떤 사람들은 타인에게 너무 많이 신경을 쓴다. 그들은 남들에게 유리하게 상황이 전개되지 않을 때 자신이 책임감이나 죄책감을 느낄까 봐 두려워한다. 그러나 가혹한 진실을 말해주자면, 당신이 더 이상 할 수 있는 일이 없을 수 있다. 당신은 자신의 행동과 결정에 책임을 지지만, 자녀, 직원, 파트너, 동료들은 모두 그들이 원하는 것, 즉 그들에게 맞는 일을 할 것이다.

다른 사람에 대한 기대가 클수록 실망하기 쉽다. 이렇게 말하면 고통스럽지만, "아무도 당신에게 충성하지 않는다"라는 말이 진실이라고 믿는다. 모두가 마음이 편하거나 자존심이 허락할 때에만 당신에게 충성한다. 그들은 자존심이 깎이거나 더 나은 선택을 할 수 있는 순간 당신을 떠날 것이다.

내 직원들의 충성심은 그들이 청구서에 적힌 비용을 내고, 가족을 부양할 수 있어야만 생긴다. 경쟁사가 급여를 두 배로 올리면 훌륭하고 충실한 직원들 중 다수가 나를 떠날 거라고 확신한다(내가 매일 식기 세척기를 돌리지 않으면 아내도 나를 떠날 것이라고 확신한다!) 욕구는 매우 이기적이다. 난관에 부딪혀 궁지에 몰리고 사정이 나빠졌을 때는 누구나 생존 모드로 돌입한다.

타인을 통해 공허함을 메우려 한다면 항상 허전할 것이다. 또한 타인에게 의존해 기분이 좋아지고 자신감이 높아지길 바란다면 대부분 실망할 것이다. 그러니 당신이 반드시 홀로서기해야 하는 이유를 염두에 두기 바란다.

- 당신이 모두를 구할 수는 없다.
- 살면서 몇몇 사람을 떠나보내야 한다.
- 기대감을 낮추지 않는 한 사람들은 계속해서 당신을 실망시킬 것이다.

확신

- 자선 혹은 취미로 사업을 해서는 안 된다. 공정하게 비용을 청구해야 한다.
- 다른 사람을 돕는 가장 좋은 방법은 그들이 스스로 문제를 해결하도록 내버려 두는 것이다.
- 타인이 한 행동의 결과로 일어나는 일을 당신이 책임질 필요는 없다(당신이 그들을 가르치거나 키우거나 양육하는 방법만 당신의 책임에 해당한다).

당신은 가르칠 수 있지만, 그들이 행동하게 만들지는 못한다. 도와줄 수는 있지만 그들의 문제를 해결해줄 수는 없다. 아이들을 키울 수 있지만, 그들을 떠나보내야 한다. 누군가를 사랑할 수 있지만 그가 당신을 사랑하게 만들 수는 없다.

양향 성격자가
되어라

    자신이나 타인이 붙이는 딱지는 초 단위로 뇌에 유입되는 수백만 개의 정보를 아주 빠르게 이해하고 걸러내는 데 도움을 준다. 하지만 그 딱지는 일종의 고정관념이 되어 옳을 수도 있는 만큼 틀릴 수도 있다.

    하지만 사람마다 지니는 관념이 서로 정확히 같을 수는 없다는 점에서 진정한 고정관념은 없다. 누구도 완벽한 하나의 고정관념을 가질 수 없다. 한때는 성별과 성 역할처럼 고정관념으로 여겨졌던 것들의 구분조차 사라지고 있다. 자신과 다른 사람들에게 붙이는 딱지와 고정관념의 정체를 알아차릴 필요가 있다. 정보를

확신

처리하고 판단하는 시간을 절약하는 데 그것들을 사용하되, 중요한 의미를 두지는 마라. **지혜는 모든 사람과 모든 것을 새롭고 특별한 것으로 받아들일 때 생긴다.**

한 가지 대표적 고정관념은 어떤 사람을 내성적인 사람으로 못 박는 것이다. 나는 내가 내성적인 사람으로 간주되는 게 싫다. 사실 누구도 완전히 내성적일 수는 없다. 마찬가지로 완전히 외향적인 사람은 없다. 사람들은 나를 외향적이라고 생각하지만, 사실이 아니다. 소셜미디어에서 또는 강연장에서는 외향적인 사람이다. 반대로 내가 잘 모르는 사람들과 같이 있을 때는 전혀 외향적인 사람이 아니다. 나에게 사업 이야기를 시킨다면 꽤 자신이 있다. 하지만 아마존 CEO인 제프 베조스 Jeff Bezos나 테슬라 CEO인 일론 머스크 Elon Musk, 알리바바 창업자인 마윈 Ma Yun과 함께 임원실에 앉아 사업 이야기를 해보라고 시킨다면 금방 겸손하고 조용해질 것이다.

나는 외향적인 사람도 아니고 내성적인 사람도 아니다. 특히 당신이 생각하는 그런 사람이 아니다. 심지어는 내가 가끔 생각하는 그런 사람도 아니다. 당신이나 당신에게 딱지를 붙여준 모든 사람도 마찬가지다. 다른 사람들이 '사람 사귀는 기술이 없다'고 말하는 괴짜 기술자를 온라인 게임방이나 기술 콘퍼런스에 앉혀놓으면, 그는 곧바로 눈에 띄고 빛이 난다.

자신에게 내성적인 사람이라거나 외향적인 사람이라는 딱지를 붙이지 마라. 당신은 둘 다 아니기 때문이다. 이런 딱지를 인정한 사람들은 평가받고 조롱당하고 바보처럼 보일까 봐 두려운 나머지 자신이 원하고, 사랑하고, 뛰어난 재능을 발휘할 수 있는 일을 스스로 포기한다.

그런 딱지를 떼어내고, 그것과의 인연을 끊으면, 자유롭게 자신의 가치, 기술, 재능을 실현하며 살 수 있다. 당신에게는 그럴 수 있는 능력이 있으니 아무것도 걱정할 필요가 없다. 당신은 눈에 띄고, 빛날 것이다. 심지어 자신에게 놀랄지도 모른다.

딱지에서 더 멀리 벗어날수록 더 많은 지지자를 만나고 더 많이 노출될 것이다. 이는 당신의 행동과 당신이 일치한다는 증거가 된다. 여기에 추진력이 생기면 당신의 부와 인생에 선순환이 일어날 것이다. 하나의 형편없고 잘못된 딱지 하나 때문에 자신을 부정하지 마라.

잘못된 딱지는 당신이 숨어서 꼼짝도 하지 않고, 자신을 의심하고, 자책하고, 질투하고, 잘나가는 사람들을 시기하고 욕하도록 조장할 것이다. 이는 자존감을 떨어뜨릴 파멸의 고리 속으로 빠지게 한다.

더 나아가 당신을 내향과 외향 등 성격 스펙트럼의 중간에 있는 '양향 성격자'라고 불러라. 누구나 기술이나 재능, 관심사가 아주 낮은 분

확신

야에서는 내성적인 사람처럼 행동하고, 기술이나 재능, 천재성을 보여줄 수 있는 분야에서는 외향적인 사람처럼 행동한다. 양향 성격자가 내향과 외향의 장점을 적절히 활용해 최고의 성과를 낸다는 사실은 이미 많은 연구로 입증되었다.

경험이 적은 분야에서 똑똑하게 행동하고 싶다면, 외향적인 사람들과 협력하고, 그들의 외향적인 딱지를 활용하라. 누구도 당신의 얼굴을 볼 수 없고, 적절하게 내용을 편집할 수 있는 팟캐스트를 만들거나 기사를 작성하라. 스티브 잡스와 함께 애플을 공동 창업한 스티브 워즈니악Steve Wozniak처럼 제휴하라. 버락 오바마가 아니라면 미셸 오바마가 되어라. 배트맨이 아니라면 그의 조수 로빈이 되어라.

내성적이어서 희망도, 자신감도, 기회도 없다고 말하지 마라. 난 당신의 말을 믿지 않는다.

최고 결정권자는 바로 당신이다

많은 사람이 언론이나 사상의 자유와 권리를 믿는다. 하지만 본인이 비판이나 도전을 받을 때는 이러한 자유에 대해 위선자로 돌변한다. 혹은 다른 사람들의 생각에 동의하지 않을 때도 그렇다. 실상은 마치 모든 사람에게 '자신만'의 의견을 고수할 권리가 있는 듯이 구는 것이다. 언론과 생각의 자유를 원한다면, 우리가 아무리 반대하거나 우리 자신의 견해와 가치에 얼마나 강하게 반하는지와 상관없이 다른 사람들에게도 똑같이 그런 자유를 허용해야 한다.

물론 사람들이 우리를 비난하고, 화를 부추기고, 증오하면 마음이 아프다. 당신이 아무리 힘이 세고, 얼굴이 두껍다고 해도 마찬가

확신

지다. 오늘 아침 누군가가 내 책 『머니』에 별점을 단 하나 주었다. 내가 10년 동안 연구하고 경험한 내용이 집대성된 책인데도 그랬 다(나는 책을 쓰고, 조사하고, 확인에 확인을 거듭하고, 편집하는 데도 상당한 시간을 투자했다).

10년 전만 해도 내 책에 별점 하나를 받거나 소셜미디어에서 비 판받았다면 그날 하루는 완전히 망가졌을 것이다. 쉬면서 보내야 할 주말 내내 나쁜 기분에 빠져 보냈을 것이다. 또 내 대인 관계와 내 일에도 영향을 미칠 수 있었다. 심지어 내가 하는 일과 내가 누 구인지를 의심하게 될 수도 있었다.

일단 내가 평정심을 되찾고 곰곰이 생각해보니 별점 한 개를 준 서평뿐만 아니라 다른 모든 비판이 내게 가치 있는 교훈이 될 수 있 음을 깨달았다.

- 나는 늘 사람들이 내 책에 대해 어떻게 생각하고 왜 그것이 어 떤 이들에게 효과가 없는지 알고 싶었다. 게다가 다음에 책을 쓸 때 개선할 수 있는 모든 정보를 얻었다.
- 내가 늘 별점 다섯 개의 서평을 받았다면 내심 행복하겠지만 그런 사실이 가짜처럼 보일 수도 있다.
- 낮은 별점은 견제와 균형을 유지하게 해주므로 내가 오만해지

지 않게 해준다.

- 무조건 찬사를 보내주는 팬들보다 비평가들에게 더 많은 피드백을 얻을 수 있다.

- 부정적 평가가 가장 자주 회자되므로 오히려 마케팅에 아주 효과적이다.

- 내 책에 부정적 평가를 남긴 사람들은 그러면서 카타르시스를 느꼈을지 모르니 내가 그들을 도와준 셈이다.

- 내가 중시하는 가치가 독자들의 상황과 입장에 맞는지 확인하게 해준다.

- 더 큰 도전과 비판에 직면해도 감당할 수 있게 나를 더 강하게 만들어준다.

당신이 동의하지 않는 의견을 주는 사람들로부터 여러 가지 혜택을 얻을 수 있겠지만, 다른 사람들의 의견은 사실 당신이 하고자하는 일과는 전혀 무관하다. 당신에 대한 그들의 의견은 당신이 누구인지와 무관하고, 당신을 조금도 바꿔놓지 못한다. 그들이 당신을 바꾸도록 당신이 허용한 게 아니라면 말이다.

누구도 당신이 이미 자신에 대해 느끼지 못하는 어떤 것도 느끼게 만들 수는 없다. **당신의 허락 없이는 누구도 당신을 화나게 하거나 욕**

보일 수 없다.

처칠은 "당신을 향해 짖는 개를 볼 때마다 가던 길을 멈추고 돌을 던지면 결코 목적지에 도달하지 못한다"라고 말했다.

다른 사람들의 의견은 그들 의견일 뿐이다. 의견을 말하는 건 그들의 권리다. 게다가 당신은 그런 의견을 곡해해서 받아들일 위험이 있다. 건설적인 피드백이 아니라면 당신에 대한 타인의 의견이 당신이 인생에서 지향하는 목적지에 도달하는 걸 방해하지 못하게 막아라. 그런 방해는 상당히 부적절하다.

마음을 비우는 연습을 하라. 우리 모두에게 언론과 의견의 자유가 있다는 사실을 받아들이고 감사하라. 다른 사람들이 당신에 대해 어떻게 생각하는지에 집착하느라 낭비한 그 모든 시간과 에너지를 당신의 비전, 임무, 열정으로 전환하라. 다른 사람의 의견은 상관할 바가 아니다. 신경 좀 꺼라!

PART 4

내 안의 위대함을
이끌어내는 전략

· 제4원칙 ·

자신에게 최고의 투자를 하라

역비교

26대 미국 대통령인 시어도어 루스벨트는 "비교는 인생의 기쁨을 훔쳐가는 도둑"이라고 말했다. 그런데 이 비교를 거꾸로 하면 어떨지 지금의 당신과 비교해 상상해보라.

- (더 뒤처져 있을 때) 당신이 있던 자리
- 당신이 겪어본 가장 낮거나 최악의 지점
- 당신에게는 없는 다른 사람들의 단점이나 최악의 특성
- 당신보다 훨씬 어렵게 사는 사람들
- 당신이 훨씬 나쁜 결정을 내렸다면 있을 수 있던 곳

- 당신이 비교하는 사람의 상상이 아닌 '실제'의 모습
- 오로지 영감을 받기 위한 사람들. 즉, 당신 자신이 더 나은 사람이 되도록 동기를 부여하기 위한 상위 대상

이런 비교를 '역비교reverse comparison'라고 부른다. 이는 불리한 비교가 아니라 유리한 비교다. **역비교는 우리 가치를 깎아내리기보다는 우리 가치를 높여준다. 영혼을 파괴하기보다는 동기를 부여해준다.** 하지만 좀처럼 자신에게 이런 선물을 주는 법이 없다.

사람들은 종종 다른 사람의 거짓된 모습과 자신을 불리하게 비교한다. 포토샵과 필터를 써서 자신의 모습을 바꾸거나 편집한 뒤 가장 멋진 모습만을 외부에 노출하는 게 일상인 세상에서는 사람들의 다양한 면을 보지 못하고 우리가 보게 되는 면만을 믿어버리기 쉽다.

가수 체스터 베닝턴Chester Bennington과 배우 로빈 윌리엄스Robin Williams는 모두 내가 이 책을 쓰고 있을 때 자살했다. 모두 사회가 인정하는 아주 성공한 사람들이었다. 겉으로 봤을 때는 모든 게 괜찮아 보였다. 슬픈 아이러니지만, 로빈 윌리엄스는 코미디언이었다. 체스터가 자살하기 불과 몇 시간 전에 그가 친구와 가족들과 함께 웃고 즐기는 모습이 담긴 동영상이 발견되기도 했다. 그들 모두 많은 사람에게 큰 기쁨을 주는 사람이었다.

당신은 다른 사람들이 어떤 일을 겪고 있는지 전혀 모른다. 세계보건기구^{WHO}에 따르면, 25세에서 44세 사이 남성들의 사망 원인 중 사고 다음으로 많은 게 자살이다. 자살은 여성들의 10대 주요 사망 원인 중 하나이기도 하다.

당신이 인식하는 타인의 모습은 전체 모습의 극히 일부분에 불과하다. 모두가 고군분투한다. 모두가 그들을 괴롭히는 악마와 싸운다. 모두가 우울을 느낀다.

다른 사람과 당신을 불리하게 비교할 때 이런 경고를 명심하는 게 현명하다. 당신은 모든 사실을 알지 못한 채 당신과 타인이 만들어낸 환상에 자신을 비교한다. 참으로 비생산적이고 당신의 자존감을 깎아내리는 짓이다.

우리 모두 그렇게 하고 있다. 그것이 인간의 본성이기 때문이다. 이를 피하기 위해 역비교에 필요한 몇 가지 행동 원칙을 알려주겠다.

- 자신의 가치를 깎아내릴 때마다 자신에 대해 긍정적으로 말하라(단점 하나마다 다섯 개의 장점을 말하라).
- 자신이 단점에 집착할 때 모든 장점을 나열하라.
- 매일 감사해야 할 다섯 가지를 고르고 그것에 감사하라.
- 귀감이 될 만한 사람들의 이야기를 수집해 기록하라.

- 당신이 얼마나 많이, 얼마나 잘 이뤘는지를 되돌아보라.
- 일을 잘할 때마다 자신을 격려하라.
- 더 나쁜 선택을 했더라면 상황이 얼마나 더 나빠졌을지 상상하라.
- 당신이 큰 성공을 거두었던 분야를 골라서 거기서 느꼈던 감정을 새로운 프로젝트나 생활 영역으로 옮겨라.

우리보다 훨씬 더 끔찍한 일을 겪은 사람들이 너무 많다. 당신이 진짜 트라우마를 느끼더라도 당신보다 훨씬 더 나쁜 상황에 빠진 사람들은 항상 존재한다.

지금 말하는 이 놀라운 여성이 누구인지 추측해보라.

- 8세에 어머니가 그녀를 버리고 떠났다.
- 가족이 너무 가난해서 어렸을 때 감자 자루로 만든 치마를 입고 다녀 학교에서 놀림을 받았다.
- 9세에 강간을 당했다.
- 집에서 성적 학대를 당해서 도망쳤다.
- 14세에 임신했다.
- 첫째 아들이 출생 직후 숨졌다.
- 가족, 친구, 삼촌, 사촌에게 성추행을 당했다.

확신

시어도어 루스벨트의 먼 사촌이기도 한 프랭클린 루스벨트는 서른아홉 살에 부분적으로 몸이 마비되었다. 캐나다에서 휴가를 보낸 뒤 그는 소아마비에 걸렸고, 결국 평생 허리 아랫부분이 마비되었다. 비록 걷지는 못했지만, 그는 역사상 가장 존경받고 기억에 남는 대통령 중 한 명으로 미국을 이끌었다.

스티븐 호킹은 20대 때 루게릭병 진단을 받았지만 세계 유수의 물리학자로서 수십년간 의사들도 믿기 힘든 업적을 남겼다.

닉 부이치치Nick Vujicic는 팔과 다리가 없이 태어났다. 닉은 호주에서 자랐고, 장애에도 스케이트보드나 서핑 등을 독학했다. 오늘날에는 감동적이고 재미있는 동기부여 연설가로서 호주 젊은 시민상을 수상했다.

'슈퍼맨'을 연기한 배우로 유명한 크리스토퍼 리브Christopher Reeve는 1995년 말에서 떨어진 후 사지가 마비되었다. 그는 자살까지 생각할 정도로 힘든 나날을 보낸 끝에 인생에서 새로운 의미를 찾았다. 그는 몸 상태를 회복하겠다는 의지를 꺾지 않았을 뿐만 아니라 자선 사업에 전념했다.

비교적 가벼운 이야기도 있다. 에릭 노리Erik Norrie는 상어에게 공격받고, 벼락을 맞고, 방울뱀에게 물렸다(물론 한꺼번에 전부 일어난 일은 아니다! 연중 이러한 일들을 겪을 확률은 각각 1150만 분의 1과 3000분의 1 그리고 3만7500분의 1이다).

월터 서머포드Walter Summerford라는 사람은 평생 세 차례나 벼락을 맞았다. 그가 죽은 지 4년 후 그의 묘비도 벼락을 맞았다.

애플의 공동 창업자 중 한 명인 로널드 웨인Ronald Wayne은 그의 지분 10퍼센트를 800달러에 팔고 애플을 떠났다. 스티브 잡스와 스티브 워즈니악과 함께 일하기 힘들다는 게 이유였다. 애플에 계속 남아 있었다면, 지금 그의 지분 가치는 아마 350억 달러에 이를 것이다.

당신이 감사해야 할 일은 아직 열거할 게 많아도, 비교해야 할 사람이나 부응해야 할 기준은 아무것도 없다. 지금 당신이 있어야 한다고 생각하는 곳이나 부모님이나 권위자가 당신이 있어 주기를 바라는 곳과 비교하는 걸 중단하라. **모든 건 원래 있어야 할 장소에 있다. 모든 것이 제자리에 있다. 당신까지 포함해서.**

부자의 자격

세상은 당신이 충분히 많은 비평가를 만나게 해줄 것이다. 그들은 당신을 때리는 일에 아주 능숙해서 모든 각도에서 온갖 종류의 비난을 날릴 것이다. 당신은 정신 무장을 해야 한다. 그러니 **이미 얻어맞은 모든 매를 더 아프게 만들지 말고 당신 자신의 가장 큰 팬이 돼라.** 당신 편이 돼라. 후원자를 확보하라. 자기 감사 모임의 창립 멤버가 돼라.

당신이 직접 자신을 옹호하고, 자신을 알리고, 자신에게 보상하지 않는다면 아무도 당신을 위해 그렇게 해주지 않을 것이다. 자신에게 최악의 적이 되지 않기 위해 해야 할 일이 있다.

- 위로하라.
- 격려하라.
- 당신이 일을 잘하면 놓치지 말고 그 사실을 자신에게 알려라.
- 돌보고 치유하라.
- 찬사를 아끼지 마라.

다른 사람에게는 알리지 않아도 된다. 당신이 만든 모임은 아주 특별한 멤버가 가입된 개인 팬클럽이기 때문이다. 하나뿐인 VIP와 MVP를 위해 레드카펫을 깔아라. 당신이 바로 역사상 가장 위대한 사람이기 때문이다.

자기 비하와 비판을 멈춰라. 그때 필요한 것이 '용서'다. 자신을 가장 오랫동안 감금할 수 있는 가장 어두운 감옥은 자신의 마음속이다. 타인을 용서하는 것만큼 중요한 건 자신을 용서하며 자신에게 친절해지는 것이다. 자신이 저질렀다고 생각하는 실수와 잘못을 스스로 용서하지 않는다면, 당신의 자존감이 커지기 어려울 것이다.

과거에 저지른 실수와 상관없이 당신은 다른 모든 인간이 갖고 있는 가치를 똑같이 갖고 있다. 누구에게 어떤 가치가 있고, 누가 다른 사람보다 가치가 있는지 없는지를 판단할 수 있는 심판관이나 배심원은 없다.

낮은 자존감 때문에 애를 먹고 있는 사람이 나에게 "나는 백만장자가 될 만한 자격이 안 되는 사람이다"라고 말했다. 하지만 **어떤 사람이 백만장자가 될 만한 자격이 있는 사람일까? 또 누가 그런 자격을 정할 수 있을까?** 살인자 중에서도 백만장자들이 있다. 속이고, 사기를 치고, 횡령하는 백만장자들도 있다. 물론 가난한 사람 중에도 있다. 돈을 벌고, 소유하고, 보관하고, 키우는 법을 배우는 사람들 말고는 아무도 돈을 벌 자격이 안 된다.

사람들은 그들이 저지른 실수로 인해 온갖 방법으로 벌을 받을 것이라고 상상한다. 이는 우리의 자존감에 영향을 주는 상상에서 나오는 믿음과 두려움이다. 이때 신앙이 있는 많은 사람은 어떻게 할까? 그들은 자신이 저지른 죄를 시인하고 용서를 구한다.

당신이 자신을 용서할 수 있게 허락해줘라. 이때 고려해야 할 몇 가지 사항이 있다.

- 누구나 당신이 저지른 것과 비슷하거나, 혹은 더 심한 실수를 한다.
- 당신은 실수하거나 실패하는 사람이 아니라 그냥 당신일 뿐이다. 실수는 그냥 저지르게 되는 일이다.
- 당신이 어떤 일을 했을 때 자신이 알고 있는 범위와 할 수 있는 선에서 최선을 다했다.

- 다른 사람들에게 잘못했다고 생각한 곳에서 당신은 그만큼 그들을 위해 봉사하기도 했다.

이 마지막 사항은 좀 더 살펴볼 가치가 있다. 내가 다섯 살짜리 아들을 골프 수업에 데리고 가려고 할 때였다. 둘 다 피곤했던 데 다가 모든 상황이 엉망진창이었다. 그런데 갑자기 아들이 말썽을 부리기 시작했다. 나는 아들을 진정시키려다가 실수로 그를 밀어 넘어뜨렸다. 갑작스러운 상황에 둘 다 너무 놀란 나머지 우리는 서로에게 큰 소리로 화를 내다가 10여 분 만에 진정을 되찾았다. 그때는 내가 인류 역사상 최악의 아버지처럼 느껴졌다.

죄책감이 엄습했다. 서점에 가서 찾을 수 있는 모든 육아 서적 (오디오북 포함)을 샀다. 이후 몇 주 동안 나는 그 책들을 반복해 서 읽고 들었다. 내가 아직 '올해의 아버지'에 도전하지는 않고 있 지만, 그 책들로부터 많은 것을 배웠고 육아를 위한 유용한 기술 들을 연습하기 시작했다.

또한 그 사건 이후 아들에게 더 친절하려고 노력하게 되었다. 아들 역시 서로 화낸 걸 후회하는 것처럼 다정하고 의젓하게 굴 었다. 일단 감정이 가라앉고 냉정하게 상황을 파악할 수 있게 되 면, 내가 '엉터리 아버지'처럼 느꼈던 순간에도 아주 긍정적인 면 이 있다는 걸 깨닫게 된다. 내 아들은 자유로운 행동의 적정선이

어디 있는지를 배운다. 나는 더 큰 인내심으로 아들을 대하고, 필요한 양육 기술을 더 습득한다.

이제 내가 아들을 밀어 넘어뜨린 일에 나를 비난하려는 사람들에게 많은 질타를 받기 전에 한 가지 말해둘 것이 있다. 그건 사고였지만 나는 화가 나 있었고, 더 침착하지 못했던 걸 후회한다. 하지만 당시 상황은 고통을 주었던 것만큼 도움도 되었다. 그런 이득도 있었기에 나를 용서할 수 있었다.

당신이 다른 사람들에게 잘못했다고 생각할 때, 한편으로는 그들에게 도움을 줄 수 있다. 당신이 그들에게 도전하면 그들은 성장하고 더 강해진다. 당신이 그들을 이기면, 그들은 더 강해져야겠다는 귀중한 교훈을 얻는다.

당신의 실수가 사람들에게 도움이 되기도 했음을 알고, 그에 감사하라. 당신은 실수할 때도 최선을 다했다. 사소한 잘못뿐 아니라 모든 잘못을 용서하라. **최선을 다해 더 나아지려고 애쓰면서 당시의 자신에게 동정심을 보여줘라.** 영원히 용서받지 못할 것처럼 자신을 벌하지 말고, 희생자 역할을 하지 않도록 주의하라. 당신은 다른 사람들을 용서했으니, 자신도 용서하라. 거기서 부자의 자격이 시작된다.

천재성의 발견

우리 모두 각자의 역할과 목적, 즉 인류에게 줄 무언가를 가지고 태어났다. 그것은 내게 힘을 주는 믿음이다. 내 생각이 틀렸다고, 즉 우리가 어떤 역할도 할 수 없다고 상상해보라. 사실 상상하지 마라. 당신이 어떤 것을 믿으려고 하든, 모든 믿음이 주관적이고 개인적인 이상 자신에게 도움이 되는 것을 믿는 편이 낫다.

우리가 가진 개별적인 목적이 특별하지 않다면 우리는 존재하지 않았을 것이다. 다만 누구도 그 목적이 무엇인지 모른다. 이는 우리가 인생에서 극복해야 할 도전이다. 각자가 직접 나서서 자신의 목적을 찾아야 하는데, 그것은 삶 자체가 갖는 의미를 찾는 긴 여정이다.

많은 사람이 자신의 특별함과 천재성을 발견하고 인정하기 위해 고군분투한다. 사회는 바이올리니스트나 과학자나 수학자를 천재라고 부르고, 사실상 다른 모든 사람을 열등한 인간으로 규정한다. 그렇다면 사회가 정의해준 천재와 당신의 차이점을 살펴볼 필요가 있다.

- 그들은 타인에 의해 '천재'로 정의된다.
- 그들은 대부분의 시간, 에너지, 가치를 자신이 천재적인 재능을 보이는 분야에 집중했다.
- 그들은 아마도 자신을 천재라고 정의하지 않을 것이다.

천재를 한 가지 기준으로 정의하지는 못한다. 어떻게 축구 선수 리오넬 메시Lionel Messi와 아인슈타인이 모두 한 가지 의미에서 천재가 될 수 있을까? 다만 천재를 위대하거나 최고로 중요하고 유용한 사람으로 정의할 수 있다. 하지만 우리 모두 중요하고 유용하게 생각하는 게 다르므로 천재의 기준은 주관적이다.

이것은 누군가가 당신을 천재로 여길 수 있다는 뜻이다. 지금껏 우리 누나만큼 처음 만난 사람들과 빨리 친해질 수 있는 사람을 본 적이 없다. 누나는 휴가를 떠난 지 10분도 안 돼 십여 명의 새로운 친구를 사귀곤 했다. 친구를 사귀는 데는 가히 천재라고 말할 수 있다.

가치는 주관적이다. 자신을 소중히 여기고 천재답게 굴어라.

- 당당하게 굴어라. 모두가 당신의 매력에 빠졌다.
- 자신에게 있는 특별함과 천재성을 인정하라.
- 당신을 남들과 다르거나 심지어 이상하게 만드는 것이 당신을 특별하게 만든다는 것을 기억하라.
- 튀면서 적응하라.

에디슨은 "천재란 자신에게 주어진 일을 하는 재능 있는 사람일 뿐이다"라고 말했다. 당신이 남과 같기를 바라지 말라. 그래선 안 된다. **우리 모두 한 종으로서 생존하고 번영하기 위해 서로 의지하고 있다.** 당신의 재능을 필요로 하고, 당신에게 영감을 받을 사람이 많다. 당신의 아이, 고객, 파트너, 직원, 납품업자, 고용주, 팔로워, 팬 그리고 심지어 당신의 비평가들도 당신 때문에 존재하는 것이므로 당신을 소중하게 여기고, 당신을 필요로 하고 사랑한다.

당신은 당신이라서 중요하다.

자격 있는
다섯 사람

"가장 많은 시간을 함께 보내는 다섯 사람과 가장 닮게 된다"
는 유명한 이론이 있다. 가족, 친구, 동료, 멘토 등 가장 많은 시간
을 함께 보내는 사람들과의 관계를 돌아보라.

- 당신을 치켜세워주는가, 깎아내리는가?
- 당신에게 영감을 주는가, 당신의 힘을 빼는가?
- 당신에게 도움이 되는가, 방해가 되는가?
- 있는 그대로의 당신을 사랑해주는가, 그들이 원하는 모습으
  로 당신을 바꾸려고 하는가?

- 당신이 듣기 싫어도 솔직하게 말해주는가?
- 당신이 없을 때 당신을 칭찬하는가?
- 당신에게 가르쳐주고, 경험을 공개하고 공유해주나?
- 당신이 성공하면 행복해하고, 실패하더라도 당신 곁에 있겠다고 약속하는가?
- 당신이 더 나은 사람이 되고 싶게 만드는가?

당신의 경력에 대해 조언해주는 사람들은 그들의 활동 분야에서 성공한 사람들인가? 당신에게 돈에 관해 조언해주는 사람들이 백만장자인가? 완벽하고 행복한 결혼 생활을 하면서 당신에게 연애 문제에 충고하는가? 보육 전문가처럼 구는 사람들의 아이들이 모두 모범적인가?

전략적이고 신중하게 조언을 받아들이고, 중요한 결정을 내릴 때 참조하라. 그렇지 않으면 제대로 된 경험도 없이 잘못된 조언을 해주는 사람들에게 영향을 받게 될지도 모른다.

그중에는 정말로 당신에게 신경을 쓰고, 당신을 도와주려고 노력하는 사람도 있다. 그들은 당신을 사랑하고, 당신이 실패하는 것을 원하지 않기 때문에 당신에게 사업을 하거나 위험을 감수하지 말라고 조언한다. 그들은 "안전하게 있어라" "지금 가진 것에 감사해라" "당신은 좋은 삶을 살고 있다" "담보 대출을 받거나 안전한 직장이나 행복한 결혼 생활에 위험을 감수하지 말라"고 말한다. 아무리 당신을 걱정해주어도 그들은 그런 조언을 해주기엔 부적격자들이다.

하지만 당신 주변에는 기회를 잡아 큰 성공을 이룬 당신을 보고 자신들의 신세가 초라하다고 느끼는 사람이 많다. 그들은 진작 자신의 꿈을 버렸으며, 당신이 지금 있는 곳에 그대로 있어주면 안전함과 편안함을 느낀다. 심지어 고마워하기까지 할 것이다. 그들은 소극적으로 구는 당신 모습에서 '부차적 이득'을 얻는다. 그들은 있는 그대로의 당신을 좋아한다. 그런 당신을 보고서는 기분이 나쁘지 않기 때문이다. 이는 마치 게들을 통 속에 넣어두었을 때 한 마리가 아무리 거기서 빠져나가려고 해도 다른 게들이 못 빠져나가게 막아줘서 뚜껑이 필요 없는 상황과 같다.

진심으로 당신에게 신경 쓰는 사람들에게 감사하고, 고마움을 표시하라. 단, 당신이 무슨 조언을 듣고 거절할지 현명하게 고르고 선택하라. 아무 말도 할 필요 없고 그냥 웃기만 해도 된다. 누군가가 당신과 생각이 다를 때마다 "바보 같은 헛소리 집어치워!"라고 해서는 안 된다. 비평가들이나 당신에게 맞서는 사람들에게서도 귀중한 교훈을 얻을 수 있다. 그러니 아직은 모든 친구와 가족을 해고할 필요는 없다.

세상은 당신의 참모습을 보여주는 거울이다. **당신의 친구와 네트**

워크는 당신이 당신 삶에 끌어들인 사람들이다. 주변 사람들은 전적으로 당신의 책임이다. 당신은 자신이 만든 네트워크 안의 모든 이에게 배를 들어 올려주는 밀물 같은 역할을 해야 한다.

진정한 친구들과 가치를 주고받는 좋은 사람들은 주변에 계속 남아 있을 것이다. 단지 오래전부터 알고 지냈다는 이유로 당신에게 별로 신경 쓰지 않는 사람들에게 거짓 충성을 보여줄 필요는 없다. **당신이 황금빛 지평선을 향해 돛을 올리는 동안, 그들이 다른 방향으로 부는 바람에 이끌려 항해하게 하라. 전략적이고 현명하게 네트워크를 구축하라.**

한편 부모와 형제 등 가족은 고를 수 없다. 하지만 그들과의 교류를 통제할 수는 있다. 그들에게 당신의 비전과 임무 또는 사소한 일을 논의할지 냉철하게 선택하라. 아니라면 대화의 주제를 바꾸고 자기의 사고방식을 지켜라. 그것이 당신의 행동과 그에 따른 결과를 결정하기 때문이다. 원숭이와 어울리면 원숭이처럼 되기 마련이다.

당신이 사귄 비뚤어진 사람들이 당신을 안전하게 해줄 수 있지만, 당신의 앞길을 가로막을 수도 있다. 그들은 당신의 꿈을 훔칠 수도 있고, 포기하게 만들 수도 있다. 그들은 자신들이 그렇게 하고 있다는 사실을 의식하거나 의식하지 못할 수도 있다. 당신도 마찬가지로 이런 일이 벌어진다는 걸 의식하거나 의식하지 못할 수도 있다. 하지만 조심하라.

친구나 네트워크를 바꾸는 게 사고방식을 바꾸는 일보다 훨씬 더 쉽다. 영감을 주고 경험이 많은 사람과 어울려 다니는 게 진정한 성공의 지름길이다. 그들은 당신이 실수나 재난의 지뢰밭을 피해 다닐 수 있도록 도와준다. 그들은 당신에게 성공의 문을 열어줄 수 있는 노련하고 재능 있는 사람들을 소개해줄 수 있다. 덕분에 당신은 '거인의 어깨' 위에 설 수 있게 된다. 수십 년 동안 쌓아온 그들의 경험을 활용할 수도 있다. 그리고 값비싼 실수와 시행착오를 거치지 않고서도 단시간 안에 그들이 했던 모든 일을 간접적으로 배울 수 있다.

좋은 건 좋은 걸 끌어당기고, **부는 부를 끌어당기며, 위대한 사람은 위대한 사람을 끌어당긴다.**

누군가 내 페이스북 커뮤니티에 남긴 글로 마무리하겠다. 내가 하고 싶은 말을 함축적으로 보여준 말이다.

"내가 좌절하고 있었을 때 누군가가 말했다. '냉동 닭들에 둘러싸여 있는데 어떻게 독수리처럼 날 수 있겠는가!'"

협상 불가능한
행동 원칙

자부심과 자신감 등이 충만하다면 자신의 가치관과 행동 원칙에 맞춰 생활하기가 훨씬 더 쉬워진다. 자신을 깎아내리거나 하고 싶지 않은 일을 할 수밖에 없다는 느낌에서 벗어나기 때문이다. 이렇듯 살면서 올바르지 않은 일을 배척하고 올바른 일을 수용하기가 쉬워지면, 당신의 비전, 우선순위, 시간 관리 방법이 어느 때보다 더 명확해지고 확실해진다.

당신의 자부심, 자신감 그리고 자존감은 당신이 세상을 바라보는 방식과 세상 속에서 자신을 바라보는 방식에 모두 영향을 주는 자아 개념이다. 다른 사람과의 비교 방법, 훌륭한 인간이 갖춰

확신

야 할 조건에 자신이 부합하는지 여부에 대한 평가, 얼마나 성실하고 가치 있고 명예로운 삶을 살고 있는지에 대한 느낌, 자신의 능력과 자질과 판단력에 대한 신뢰도, 자신을 알고, 믿고, 확신 있게 행동하는 데 필요한 용기가 모두 자아 개념과 관련된다.

살면서 끊임없이 자존감을 높이고 낮출 수 있는 일들에 직면하겠지만 **자존감을 가장 잘 보호하고 높이려면 타협할 수 없는 자신만의 행동 원칙을 정해놓아야 한다.** 행동 원칙이란 다시 말해서 생활신조이자 자신을 긍정적으로 평가하게 해주는 특징과 자질이다. 행동 원칙은 당신의 자부심, 자신감, 자존감을 지켜주는 방어벽의 기능을 해준다. 또한 당신이 자아를 실현하고, 존경하고 싶은 사람처럼 되고 싶은 사람이 되도록 도와준다.

내가 당신의 기준과 행동 원칙을 정해줄 수는 없다. 어디까지나 개인적인 성격을 띠기 때문이다. 다만 가장 중요한 것, 즉 당신 자신, 가족 그리고 브랜드의 가치와 연결시켜 그들을 정해볼 것을 제안한다. 이때 고려해야 할 사항이 있다.

- 일관되게 행동하기
- 약속을 지키기
- 자신이 대접받고 싶은 대로 다른 사람들을 대접하기
- 당신이 세워둔 기준을 위반하지 않기

- 무엇보다도 정해놓은 우선순위를 가장 먼저 고려하기

반대로 자존감을 해치는 행동을 몇 가지 정해놓고 이를 피하기 위해 최선을 다하라.

- 순간적으로는 기분이 좋으나 나중에 기분이 나빠지거나 후회하게 되는 행동
- 사람들에 대한 불필요한 험담
- 잘 지키지 않는 시간 약속
- 하찮은 일이 의미 있는 일에 방해가 되게 내버려 두기
- 감정에 휘말리기

높아진 자기 인식을 토대로 행동 원칙을 정하라. 이러한 행동 원칙과 기준을 통해 자신을 긍정적으로 느끼게 만들어라. 당신이 세상에 제공하는 가치와 자신을 돌보는 데 필요한 에너지 사이에서 균형을 잡아라.

사업 시작 초기에는 내가 받은 모든 메시지와 이메일에 답하려고 애썼다. 나는 사람들이 내게 질문하고 싶어 하고, 나를 기분 좋게 하고 가치가 있는 사람처럼 느끼게 만들어준 데 대해 감사했

다. 내 개인적인 브랜드 가치도 올라가는 것 같았다. 하지만 재산이 불어날수록 이런 일을 유지하기가 힘들어졌다. 본업에 지장을 받을 정도로 질문이 쏟아졌다. 결국 10가지 단계를 거쳐 내 행동 원칙을 재정비했다.

1단계: 모든 메시지에 회신하자.

2단계: 모든 괜찮은 메시지에 회신하자.

3단계: 모든 명확하고 간결한 메시지에 회신하자.

4단계: 사람들에게 도움을 주려고 비워둔 시간에 내가 할 수 있는 한 최대한 많은 메시지에 회신하자.

5단계: 나를 대신해서 회신할 사람을 훈련시키고 1~3단계의 규칙을 지키자.

6단계: 내 책이나 팟캐스트에 답이 나온 메시지라면 일단 거기서 답을 찾아보라고 알려준 다음에 그래도 여전히 질문한다면 개별적으로 대답해주겠다고 약속하자.

7단계: 만약 누군가가 정말로 어려움에 처해 있다면 항상 직접 응답하자.

8단계: 시간이 있거나 여유로울 때 대답하고 도움을 주자.

9단계: 일반적인 질문이나 고민을 모아서 분석한 뒤 강연, 동영상, 또는 팟캐스트를 통해 더 많은 사람을 도와주자.

10단계: 5단계에서 설명한 대로 또 다른 사람을 훈련시키자.

협상할 수 없는 명확한 행동 원칙을 정하라. 그것을 존중하라.
다른 사람들이 그것을 어떻게 판단하건 무시해라. 이기적이고 이
기적이지 않은 행동 사이에 균형을 유지하라. 자신을 실망시키지
않도록 최선을 다하라. 그러지 않으면 당신의 자존감도 내려갈
것이다. 행동 원칙을 종종 점검하고, 필요한 경우 수정하라.

확신

거절의 기술

자존감과 자부심을 갖는다는 건 자신도 넘을 수 없는 경계를 설정한 다는 뜻이다. 중요한 것은, 그것이 다른 사람들도 넘지 못하게 막 는 경계를 설정해준다는 뜻도 된다는 점이다. 언뜻 '수락'이 수용 적이고, 예의 바르고, 적극적이고, 긍정적인 행동처럼 보인다. 하 지만 당신이 정해놓은 경계를 넘는 일을 수락했다가는 덫에 빠지 게 마련이다.

- 지킬 수 없는 너무 많은 약속을 하게 된다.
- 세상(친구, 고객, 팬 등)에 압도당하고 좌절감을 느낀다.

- 충분한 고려나 공감 없이 의무감에 따라 행동한다.
- 약속을 못 지킬 때 사람들을 실망시킨다.
- 일한 결과의 질을 떨어뜨리거나 망친다.
- 분노, 죄책감, 스트레스가 쌓인다.
- 자기 일보다 남의 일을 먼저 챙긴다.

상황이 걷잡을 수 없게 흘러간다고 해서 남의 탓을 할 필요가 없다. 순전히 당신 책임이기 때문이다. 살면서 무엇을 받아들이고 거부할지 선택하는 건 당신 자신이다. 누가 아무리 당신에게 영향을 미치려고 해도 결국 수락하고 거절하는 것도 당신 자신이다. **세상이 당신에게 어떻게 요구해야 하는지를 가르쳐준 것은 바로 당신이다.** 사람들은 당신이 과거에 했던 행동과 대답에 따라 당신에게 그런 요구를 하는 것뿐이다.

사람들은 학습 속도가 빠르다. 당신이 구제해줄 거라고 느낀다면 그들은 당신에게 의지하고, 당신이 다시 구제해주리라고 기대한다. 그들은 스스로 문제를 해결하기보다는 당신에게 올 것이다. 극단적인 경우, 그들은 당신에게 의존하면서 당신을 심하게 괴롭히기 시작할 것이다. 나 역시 내 부탁을 들어줄 거라고 생각하는 사람들에게 의지하고 부탁한다. 나는 거절하지 못하는 직원들과 외주 인력들에게 자연스레 점점 더 많은 일을 맡긴다. 나는 그들

확신

이 뿌리쳐야 비로소 멈출 것이고, 그들이 뿌리친다고 해도 내가 그들을 밀어붙일지도 모른다.

당신이 부탁을 들어주는 이유를 살펴봐야 한다.

- 남을 돕는 친절하고, 힘이 되는 사람으로 알려지기를 원해서
- 거절하면 판단이나 조롱의 대상이 될까 봐 두려워서
- 기회를 놓칠까 봐 걱정돼서
- 사람들을 실망시키고 싶지 않아서
- 중요하지만 하기 힘든 일을 적극적으로 미루고 있어서
- 다른 사람을 도와주면 부차적인 이득을 얻을 수 있어서

당신이 다른 사람의 더 쉬운 일을 떠맡음으로써 자신이 맡고 있던 더 힘든 일을 피할 수 있게 된 게 당신이 얻는 부차적인 이득일지 모른다. 혹은 자신을 희생하여 모든 사람에게 도움을 주고 그들을 곤경에서 빼내는 일종의 '순교'일지도 모른다. 당신은 종종 "모두 저를 보세요. 항상 도우러 가겠습니다. 여기 제가 있잖아요"라고 말하지는 않는지 돌아봐야 한다.

물론 그것이 자신의 가치와 자존감을 지키는 방법일지 모른다. 심지어 사람들의 사랑을 얻는 방법일 수도 있다. 자신과 타인 사이에서 동등하게 균형을 잡을 수 있는 한에서는 그래도 괜찮다.

다만 당신이 해야 할 중요한 일을 먼저 끝내라. 이미 수고료를 받았다면 당신에게 그 돈을 지불하고 당신의 서비스가 필요한 사람들을 위해 먼저 일해라. 나는 사람들을 돕고, 질문에 대답하고, 전화를 받고 회신해주는 데 하루에 약 두 시간 정도를 쓰고 싶다. 그래야 내가 내 생활을 통제할 수 있고, 내가 해야 할 일이 방해받지 않으면서 충분한 도움을 줄 수 있다. 그래야 내가 부탁을 거절해도 죄책감을 훨씬 덜 느낀다. 내가 할 수 있는 만큼, 아니 그 이상으로 이미 사람들을 도와줬다는 걸 알기 때문이다.

이때 '덜 열받기 법칙'을 기억하라. 자신과 다른 사람 중 누구를 열받게 하는 게 좋을지 선택할 수 있다면 항상 다른 사람을 선택하라. 정중하지만 단호하게 부탁을 거절해라. 그랬다가 그들을 화나게 할지도 모른다. 하지만 그건 당신이 아니라 그들 문제다. 자기 자신을 열받게 했다간 다른 모든 사람들에게 마구 퍼붓다가 그들 모두를 열받게 할 것이다! **항상 당신을 위해 선택하라. 사람들은 왔다 가지만 당신은 한평생 자신과 함께 있지 않은가.**

당신이 다른 사람을 돕더라도 명확하게 '거절할' 경계선을 정해놓아야 한다. 당신이 새로운 사업이나 도전을 시작할 때는 조금 더 많이 남들의 부탁을 수락해야 할 필요가 있을 것이다. 그러다가 점점 더 바빠지고, 성공했는데, 타인의 요구를 처리하는 데 시간이 너무 많이 든다면 그때는 부탁을 거절하고 싶어지고, 또

확신

그래야 한다. 그때는 좀 더 까다롭게 굴어야 한다. 중요도와 우선 순위에 따라 기회의 순위를 매겨라.

마지막으로 좀 더 유연하고 세련된 거절의 기술을 소개하겠다.

- "알겠습니다만, 지금은 안 됩니다"라거나 "알겠습니다만, 나 중에 하거나 제 일이 끝난 다음에 시간을 잡으면 어떨까요?" 라고 말하라.
- "저 말고 ○○○이 더 잘 도와줄 수 있을 것 같은데, 그에게 문의해보면 어떨까요?"라고 말하라.
- 시간이 없거나 중요한 일을 하는 중이라면 전화를 받거나 이 메일에 응답하지 마라. 편리한 시간에 다시 전화하거나 이메 일을 보내라.
- 개인 비서나 인공지능 비서, 메시지 차단 장치를 설치해서 적 격한 부탁만 직접 받아라.
- 회의나 통화 등 특정 작업을 위한 구체적 일정을 잡아라.

세상은 당신이 가르쳐준 방법대로 당신을 대한다는 사실을 명 심하라. 당신이 원하는 기회를 얻을 수 있게 당신 주변을 바꿔나 가며 원하지 않거나 당장 처리할 수 없는 기회를 정중하게 거절 하거나 미루거나 아니면 제삼자에게 넘겨라.

가치가
복리가 되는 마법

변화심리학의 대가 토니 로빈스^{Tony Robbins}는 "인생의 비결은 베풂에 있다"라고 말했다. 부채가 5만 파운드에 달해 먹고살기 빠듯했을 당시 나는 이 말에 전적으로 공감하지 못했다. 줄 게 없다고 생각했기 때문이다. 빚에 쪼들리고, 마음이 공허하기 이를 데 없었을 그때는 자신에게 베푸는 것이나 다른 사람에게 베푸는 것 모두 할 형편이 안 되었다.

세상은 공평하게 주고받으며 돌아간다. 공급과 수요, 생산과 소비가 균형을 이룬다. 생산량이 지나치게 많으면 잉여가 생기고, 소비량이 지나치게 많으면 결핍을 낳는다. 거시적 차원(사회와

확신

전 세계)과 미시적인 차원(당신)에서 모두 그렇다.

자존감에서 완벽한 균형을 유지하려면 반드시 똑같은 방식으로 가치를 주고받아야 한다. 받는 데 능숙하다면 더 많이 줘라. 이 방법은 칭찬에서부터 현금에 이르기까지 모든 것을 끌어들이는 데 효과적이다. 당신이 훌륭한 기부자라면, 수요와 공급의 평형과 질서의 균형을 맞추기 위해 더 많이 받을 것이다. 사람들은 주는 사람에게 주고, 받는 사람에게서 가져간다.

'상호성의 법칙Law of Reciprocity'은 긍정적인 행동에 대해 또 다른 긍정적이고 친절한 행동으로 보상해주는 사회적 규범이다. 중요한 건 얻는 것이 아니라 주기 위해 얻는 것이고, 베풀면서 당신도 균등하게 받는 것이다.

"내가 이렇게 해야겠다"가 아니라 "내가 이것을 하겠다"고 말하라. 더 많은 가치를 얻으려면 더 많은 가치를 베풀어라. 받고자 하는 기대 없이 더 많이 줄수록 당신은 더 많이 받게 된다.

물론 이때는 어느 정도 믿음이 필요하다. 당신이 '요구해서' 받는 게 아니기 때문이다. 주고받는 데는 시간 차이가 존재한다. 정확히 무엇을 받을지 선택할 수 없고, 그것을 받을 날짜와 시간에 대해 약속 날짜를 잡아둘 수도 없다. 하지만 **당신이 가진 선물, 도움, 기회를 더 많이 베풀면서 동시에 받을수록 당신이 원하는 대부분의 것을 얻을 것이다.**

우리가 감정적으로 보상받을 수 있게 되어 있는 이상, 주는 것의 수준과 규모에 비례하여 자존감 배터리의 수명이 늘어난다. 좋은 감정은 자존감을 높인다. 주면서 받는 느낌은 중독성이 강하다. 많이 줄수록 그러한 좋은 감정을 더 많이 얻게 된다.

상호성의 법칙에 대한 의심 때문에 더 많은 가치를 줌으로써 얻는 선물을 받지 못하게 되지 않도록 주의하라. 처음에는 순전히 이기적인 이유로, 즉 기분이 좋아지거나 도움이 필요해서 준다고 해도 그것은 여전히 좋은 출발이다. 그래도 괜찮다.

내 뜻대로 안 되는 일이나 주위의 비평가들 때문에 느끼는 고통과 싸울 수 있는 아주 좋은 방법 역시 베풀면서 카타르시스를 경험하는 것이다. 내가 썼던 방법을 추천한다.

- 비평가들에게 그들이 부인할 수 없을 정도로 큰 가치를 선사하라.
- 원초적 감정과 고통을 생산적이고 긍정적인 방향에서 가치 있게 다듬어 타인에게 전달하라.
- 당신이 씨름했던 문제와 그것의 해결 방법이 다른 사람들이 똑같은 문제를 해결하는 데 도움을 줄 수 있다.
- 기분이 더러울 때 남들을 도우면 즉시 기분이 좋아질 것이다.

206

내 팟캐스트는 기분이 좋아지게 해주는 데는 최고다. 당신도 글을 쓰거나 책을 집필하거나 강의를 하면 당신이 받는 비판과 고통, 당신에게 가해진 잘못들을 생산적이고 가치 있는 뭔가로 전환하고 재포장할 수 있다. 이 과정은 에너지가 생성되거나 파괴되지 않고 한 가지 형태에서 다른 형태로 모양만 바뀐다는 '에너지 보존 법칙'을 따른다. **당신은 당신이 느끼는 고통을 가치로 바꿀 수 있다. 가치는 에너지 보존 법칙의 가장 위대한 레버리지다. 당신의 에너지를 내부가 아닌 외부로 보내면 자존감에 대한 긍정적인 피드백 고리가 생성된다.** 가치 있는 존재처럼 느껴지면 기분이 좋아진다. 역경과 고통을 생산적인 것으로 바꾸면 훨씬 더 기분이 좋아진다.

나는 하루 중 특정 시간을 정해놓고, 남들에게 오로지 보답하고, 부가가치와 도움을 주는 데 쓰는 걸 좋아한다. 이렇게 하면 내가 해야 할 일을 미루거나 회피하지 않고도 남들에게 줄 수 있다. 주는 시간이 일주일에 15분이건 15시간이건 상관없다. 당신이 일단 주기 시작했다면, 당신의 조건과 시간에 맞춰서, 해야 할 일을 방해받아 화내는 일 없이 감사하는 마음으로 주어야 한다.

- 전화로 사람들과 대화하며 그들의 말을 경청할 수 있다.
- 많은 사람에게 다가갈 수 있는 교육용 웨비나^{Webinar}(인터넷의 웹상에서 진행되는 세미나)를 운영할 수 있다.

- 자원봉사를 할 수 있다.
- 기부하거나 자신만의 재단을 설립할 수 있다.
- 지식과 경험을 교육 자료로 바꿀 수 있다.
- 사람들을 후원할 수 있다.
- 강의하고 가르칠 수 있다.

나는 PART2의 〈모든 승자도 한때는 초보자였다〉에서 한 멋진 여성이 성장하면서 견디어낸 고통에 대해 이야기했다. 이 고통 때문에 그녀는 말 그대로 죽을 수도 있었다. 대신 그녀는 고통을 선한 일을 할 힘으로 활용하기로 했다.

- 지역 흑인 라디오 방송국에 들어가서 파트타임 뉴스 진행을 맡았다.
- 최연소 뉴스 앵커이자 최초의 흑인 여성 앵커가 되었다.
- 자기 이름을 내건 프로그램의 계약을 맺었다.
- 마이클 잭슨과 한 인터뷰는 미국 역사상 세 번째로 높은 시청률을 기록한 인터뷰였다.
- 업계에서 가장 성공한 스타트업 잡지사를 창업했다.
- 아프리카 여성 최초로 미국 50대 기부자에 이름을 올렸다.
- 4억 달러 이상을 교육적 목적으로 기부했고 400회가 넘는 장

확신

학금을 지급했다.

- 매년 3억 달러를 버는 미디어 네트워크를 소유하고 있다.
- 몸값이 약 30억 달러에 달한다.
- 4200만 달러짜리 맞춤형 제트기인 글로벌 익스프레스 XRS를 타고 다닌다.
- 자기 이름을 딴 거리가 있다. 바로 '오프라 윈프리 거리'다.

톰 크루즈 역시 가난하게 자랐다. 그의 아버지는 가족에 대한 학대를 일삼았다. 톰은 아버지를 '깡패' '겁쟁이' 등으로 불렀다. 그의 아버지는 뭔가가 마음에 들지 않으면 발길질부터 하는 사람이어서 톰은 아버지에게 자주 구타를 당했다. 하지만 톰은 성공해서 수억 명의 사람들을 교육하고 즐겁게 해주고 있다.

오스트리아의 정신의학자인 빅터 프랭클Viktor Frankl은 아우슈비츠를 포함해 여러 곳의 나치 강제 수용소에 수감되었다. 그의 아내와 가족은 나치에 의해 살해되었다. 그는 이 고통을 바탕으로 1946년 '미국에서 가장 영향력 있는 10권의 책' 중 하나로 간주되는 『죽음의 수용소에서』를 썼다. 1997년 그가 타계했을 당시 이 책은 1000만 부 이상 팔렸고, 24개 언어로 번역되었다.

소설가 J. K. 롤링은 실패, 거절, 가정 학대, 이혼을 경험했다. 그녀는 우울증에 시달렸다. 일거리가 없어 정부 지원을 받으며 홀로 아이를 키우고 악몽 같은 삶을 살아가던 그녀는 자살을 고민하는 처지에 내몰렸다. 20곳의 출판사가 『해리포터와 마법사의 돌』 원고를 거절했다. 그녀는 자신만큼 '실패'한 사람이 없을 거라고 생각했지만, 이때 느꼈던 절망감을 영감으로 바꾸었다. 결코 포기하지 않는 인내 덕분에 그녀는 5년도 채 되지 않는 짧은 시간 내에 정부 지원을 받으며 연명하던 무일푼 실업자에서 억만장자로 변신하는 데 성공했다. 그녀의 재산은 분명 영국 여왕보다 더 많은 5억 파운드로 추정된다.

누구나 이런 경지에 도달하기는 쉽지 않겠지만, 고통과 고난을 통해 어떻게 더 많은 가치를 얻을 수 있는지에 대한 영감을 얻을 수 있다.

동굴 밖으로
나와라

당신에게는 특별한 기술과 재능이 있고, 당신이 정말로 잘하는 일로 최고가 될 수 있다. 하지만 당신이 이 사실을 널리 알리기 전까지 세상은 그 사실을 모를 것이다.

나는 한때 예술가였다. 그림이 팔리지 않자 나는 더 많은 그림을 그리기로 했다. 몸무게를 뺄 수 없다면 더 많이 먹겠다는 식이었다. 사실 아무도 사지 않을 그 그림을 더는 그릴 필요가 없었다. 대신 이미 그려놓은 그림들을 팔아야 했다. 그림에는 아무런 문제가 없었다. 내 그림을 구경하는 사람이 충분히 많지 않았던 게 문제였다. 일례로 당시 나는 내가 살던 지역 외의 화랑에 그림을 가져간 적이 없었다. 게다가 내 그림 판매와 관련해서 에이전트나 딜러들을 만난 적도 없었다. 솔직히 말해서 나는 내가 살았던 스튜디오(동굴이자 구멍)에서 나가지를 않았다.

자신을 독려하고, 채찍질하고, 더 많이 밖으로 나가라. 두려워할 것 없다. 소셜미디어에 더 많은 콘텐츠를 올려라. 이벤트에 참가하라. 전화를 걸어 사람들과 대화하라. 평소 같으면 거절할 파티와 행사에 가보라. 새로운 사람을 만나고 지인들과 재회하라.

자신을 더 많이 알릴 수 있는 몇 가지 유용한 방법이 있다.

• 지나치게 고민하지 말고 시작하라.

망칠지, 심판을 받을지, 아니면 부족할지에 대해 걱정하고 고민하면서 귀중한 시간을 낭비하지 마라. 대신에 그냥 하라. 어느 정도 준비가 되었으면 그냥 하라.

• 모든 것이 테스트임을 명심하라.

완벽한 완제품이 될 필요는 없다. 뭔가가 안 좋은 것으로 판명되면 언제든지 돌아가서 고치면 된다. 끊임없이 고민하지 마라. 거대한 세상 속에서 당신의 행동이 얼마나 하찮은 일인지 이해하고 압박감에서 벗어나라.

- 무엇이 최악의 시나리오가 될지 자문하라.

자기 자신, 콘텐츠, 제품, 서비스 그리고 심지어 자신의 영혼까지 세상에 알리려고 할 때 최악의 시나리오는 무엇일까? 그건 죽음이나 단절이 아니다. 단지 몇몇 사람이 당신을 좋아하지 않을 뿐이다. 물론 그런 경험을 통해 배우고 앞으로 나아갈 수 있다. 사람들에게 감사하고 전진하라.

- 가만있으면 어떻게 될지 자문하라.

당신이 세상에 자신을 알리지 않으면 무엇을 놓칠지 생각해보라. 당신에게 일어나지 않을 수 있는 모든 일과 놓칠지 모를 모든 기회, 패할지 모를 경쟁자들, 결코 만나지 못할 사람들, 애인, 팔로워, 팬, 고객을 생각해보라. 당신이 너무 겁에 질려 앞으로 나아가지 못하거나 누군가의 눈에 띄지 않게 너무 멀리 숨어 있다면 10년 뒤에 있을 곳이 어딘지 생각해보라.

- 항상 '삭제 버튼'을 누를 수 있다는 걸 명심하라.

당신이 내놓은 것이 정말 마음에 안 들거나, 나중에 더 잘할 수 있을 것 같은 생각이 든다면, 그것을 그냥 '삭제'하면 된다. 그렇지만 우선 그것을 내놓고 기회를 줘야 한다. 그러다 의외의 결과에 놀라서 그것을 삭제하지 않은 것을 잘했다고 생각하며 기뻐할 수도 있다. 이미 당신이 한 말이나 되돌릴 수 없는 행동이라 삭제 불가능하더라도 그것을 머릿속에서 삭제하는 건 여전히 가능하다. 아니면 5분이나 일주일 뒤에 누가 되었든 그것을 잊어버릴 수 있다는 걸 알아라. 또 어떤 때는 허락을 구하는 것보다 용서를 구하는 것이 낫다.

- 좀 더 책임을 져라.

책임을 지고 계획을 완수하도록 안전장치를 마련하라. 코치나 멘토로 활동하건, 내기나 경쟁을 하건, 커뮤니티나 동호회에 속해 있건 아니면 소셜미디어에서 공약을 하건 모두 자신의 책임을 다 해야 한다.

- 잘 아는 일부터 시작하라.

어디서부터 시작해야 할지 잘 모르겠거나, 두려움과 자존감에 대한 걱정에 휘둘린다면 정말 잘 알고 있는 일부터 시작해보라. 관심이나 경험 분야가 어디인가? 확실히 잘할 수 있는 일부터 시작해서 자신감을 기른 다음 다른 일로 범위를 넓혀 나가라.

- 자신에게 공유할 수 있는 특별한 뭔가가 있다는 사실을 알라. 결국 당신은 당신이다.

214

당신보다 능력이 더 뛰어나 보이는 사람들이 있다고 해서 운신의 폭을 좁히거나 목소리와 아이디어가 들리지 않게 만드는 건 금물이다. 그들도 세상에는 당신과 똑같은 사람이 아무도 없기 때문에 그들도 당신처럼 말하거나 행동할 수 없다. 당신을 위한 틈새 공간이 존재한다. 정상에도 항상 들어갈 공간이 있다. **세상에는 많은 작가, 기업가, 인플루언서가 있지만, 우리는 어쨌든 서로에게 끌리고 있다.**

이제 소심하게 굴거나 지나치게 고민하지 말고 세상에 당신을 더 많이 알리기 시작하라.

실패는 성공이다

나는 열심히 노력하면 할수록 운이 더 좋아졌다. 달리 말해 가장 많이 실패했기 때문에 가장 많이 성공했다. '농구 황제' 마이클 조던과 남아프리카공화국의 골프 전설인 게리 플레이어^{Gary Player}는 실패에 대한 태도와 경험 덕분에 성공했다고 말했다.

대부분의 사람들은 두려움 때문에 실패를 실패로 간주한다. 하지만 **대성하는 유일한 방법은 실패를 거듭하는 것뿐이다.** 나는 100건의 부동산을 볼 때마다 적어도 85건은 매수에 실패했다. 하지만 내가 가장 좋아하는 '실패담'은 따로 있다.

- 21세에 사업에 실패했다.
- 어머니와 여동생이 숨졌다.
- 22세에 소송에서 패했다.
- 24세에 다시 사업에 실패했다.
- 26세에 약혼자가 숨졌다.
- 파산했다.
- 첫째 아들이 4세에 숨졌다.
- 27세에 심각한 신경쇠약에 걸려 반년 동안 병상에 누워 있어야 했다.
- 34세에 의원 선거에서 패했다.
- 36세에 의원 선거에서 패했다.
- 둘째 아들이 12세에 숨졌다.
- 45세에 상원의원 선거에서 졌다.
- 47세에 부통령이 되려다가 실패했다.
- 47세에 상원의원 선거에서 졌다.

그리고 마침내 52세에 미국 대통령으로 당선되었다. 누군지 직접 찾아보라.

배우 실베스터 스탤론은 부모가 불화하는 동안 위탁 가정과 저임금 직장을 오가며 생활했다. 심지어 먹여 살릴 돈이 없어서 키우던 개를 25달러에 팔았다. 그는 울면서 그 자리를 떠났다.

그로부터 2주 뒤 모하메드 알리와 척 웨프너Chuck Wepner의 권투 경기를 보던 중 영감을 받아 영화 〈록키〉의 대본을 썼다. 그는 20시간 만에 대본을 완성한 뒤 영화사에 찾아갔다. 한 곳에서 12만5000달러에 대본을 팔라는 제안을 받았다. 그는 영화 주연을 맡기를 원했지만 영화사는 거절했다. 영화사는 스탤론의 말투나 행동이 우스꽝스럽게 보인다고 지적했다.

몇 주 후, 영화사는 스탤론에게 25만 달러를 제시했지만, 그는 거절했다. 35만 달러를 주겠다는 제안도 거절했다. 얼마 뒤 영화사는 대본료로 3만5000달러를 주면서 그의 출연을 끝내 수락했다. 나머지는 알려진 그대로다. 영화 〈록키〉는 미국 최대 영화상인 오스카상 시상식에서 최우수 작품상, 최우수 감독상, 최우수 편집상을 수상했다. 스탤론은 남우주연상 후보에 올랐고, 2006년에는 영구 보관 가치가 있는 작품으로 선정되었다.

스탤론이 대본료를 갖고 제일 먼저 산 게 무엇이었을까? 그는 개를 팔았던 자리에서 개를 사 간 남자를 사흘 동안 기다렸다. 그는 남자에게 자신이 개를 팔 수밖에 없었던 사정을 설명하며 개를 돌려달라고 애원했다. 하지만 남자가 거절하자 스탤론은 그에게 100달러를 주겠다고 제안했다. 남자가 재차 거절하자 이번에는 500달러를 주겠다며 설득했다. 그런데도 남자는 다시 거절했다. 심지어 1000달러를 주겠다는 제안도 거절했다. 결국 스탤론은 25달러에 팔았던 개를 데려오기 위해 1만5000달러를 지불해야 했다. 거기다가 〈록키〉에 그 남자를 출연시켜 주었다.

20세기를 대표하는 아름다운 배우로 손꼽히는 이 배우는 어린 시절을 위탁 가정과 고아원에서 보냈다. 1944년, 공장에서 일하던 중 한 사진작가를 만나 핀업pin-up〔벽에 걸어 놓고 보는 연예인 등의 사진〕 모델 일을 시작했다. 하지만 그녀는 데뷔 초기, 에이전시로부터 모델 대신 비서가 되어보지 않겠냐는 말을 들었다. 이후 모델 생활을 하다가 20세기 폭스와 컬럼비아 픽처스에서 제작한 두 편의 단편영화에 출연하게 되었고, 가수로 데뷔하기도 했다. 그녀는 성공적인 배역을 얻기 위해 고군분투했지만, 프로듀서는 그녀가 매력적이지 않아 배우로 적합하지 않다고 판단해서 그녀를 20세기 폭스사에서 해고했다. 그녀가 사망할 무렵 그녀가 출연했던 영화들은 총 2억 달러의 수입을 올렸다.

윈스턴 처칠은 "**성공이란 열정을 잃지 않으면서 실패를 통해 실패를 극복하는 일**"이라는 명언을 남겼다. 그의 말은 진정 옳았다. 실패와 **실패에 대한 생각을 전환해야 한다. 실패는 성공이고, 성공은 실패다.** 모든 성공담에는 지금까지 열거한 유명인들의 사례들처럼 실패담이 존재한다. 나는 실패담을 사랑한다. 그것은 엄청난 동기를 부여한다. 그리고 내가 점점 더 많이 실패하고 싶게 만든다.

게다가 우연한 실패조차 성공으로 이어지는 경우가 많다.

1879년 루이 파스퇴르Louis Pasteur는 닭 콜레라를 연구하던 도중 콜레라균 배양액을 그대로 두고 휴가를 다녀왔는데 그 사이 배양액에 있는 독성이 약해졌다는 사실, 즉 닭에게 콜레라를 일으키지 못한다는 사실을 알게 되었다. 그래서 파스퇴르는 다시 자연적으로 발생한 콜레라에서 새로운 배양액을 만들었다. 그런 뒤이걸 닭에게 주입하자 닭들은 콜레라에 걸리지 않았다. 파스퇴르는 이를 통해 오래되고 독성이 약해진 콜레라균 배양액은 닭에게 '면역력을 갖게' 해준다는 사실을 알아냈다.

크리스토퍼 콜럼버스는 1492년에 인도로 가는 새로운 길을 찾던 중 미국 대륙을 발견했다. 켈로그Kellogg 형제는 1898년에 통밀로 된 크래커와 채식 위주의 식단을 연구하던 중 우연히 재료를 납작하게 눌러 구워버리는 기계에 옥수수가 빨려 들어가는 것을 목격했다. 이를 통해 통밀보다 옥수수가 더 가공하기 쉽다는 것을 알게 되어 콘플레이크를 탄생시켰다.

미국의 공학자이자 발명가였던 퍼시 스펜서Percy Spencer는 군용레이더 장비를 개발하던 중 호주머니 안에 넣어두었던 땅콩 캔디바가 녹아 있는 것을 발견했다. 그는 마이크로파 때문에 캔디바가 녹았다고 판단하고 실험 끝에 전자레인지를 발명했다. 캐논의 기술자는 꽉 찬 잉크통을 땜질하다가 인두의 열이 잉크를 팽창시켜 잉크가 뿜어져 나오는 것을 보았다. 이에 착안해 잉크젯 프린터를 만들었다.

실패를 받아들여라. 최선을 다하되 실패를 받아들이고 그 실패를 통해 배울 수 있게 마음을 열어라. 당신이 무엇을 발견할지 누가 알겠는가? 지금까지 내가 쓴 책들이 받은 별점 1~2개짜리 서평이 300개가 넘는다(나는 분명히 그런 서평 때문에 심리 치료가 필요할 지경이다. 나는 이 책을 쓰면서 그런 낮은 별점들을 직접 세봤다. 어쨌든 그래도 그런 서평들에도 감사한다!). 좋지 않은 평이 많긴 하지만 전체 서평 중 3퍼센트 정도밖에 안 된다.

실패는 성공의 필수 조건임을 알아라. 분명 최선을 다하되, 실패해도 훌훌 털고 다시 시도해보라. 실패를 너무 심각하게 여기지 마라. 겸손함과 호기심과 일관성을 유지하라. **실패는 실패가 아니라 성공이다.**

비전을 숨기지 말라

성공할 때까지 성공하려고 한다는 걸 속이라는 말이 있다. 정말 그래야 할까? 이 말이 자주 회자되는 이유를 도무지 모르겠다. 나는 당신이 어떤 것도 '속여야 한다'고 생각하지 않는다.

당신이 성실한 사람이라면 누군가를 속이기 힘들 것이다. 그랬다가는 자신이 사기꾼처럼 느껴질 것이기 때문이다. 무엇보다 중요한 것은 당신이 뭔가가 될 수 있기 전에 그 뭔가가 되는 것에 대해 생각해봐야 한다는 점이다. 어떤 일이 일어나기 전에 무슨 일이 일어나기를 바라는지 생각하지 않으면, 당신은 아무 일도 하지 못할 것이다.

당신의 참모습을 유지하면서도 더 나은 기술로 더 나은 결과를 낼 수 있는 더 나은 사람이 되는 것이 이상적인 균형이다. 이를 위해선 성공할 때까지 성공하려고 한다는 걸 숨기지 말고 성공할 때까지 자신의 참모습을 유지해야 한다.

지금 당신의 참모습에 충실하고, 당신이 이루고 싶은 미래의 모습을 이루는 것을 목표로 삼아라. 지금 당신 모습을 사랑하고 받아들이고, 앞으로 되고 싶은 사람에 대한 비전을 가져라.

되고 싶은 사람에 대한 개인적 비전을 갖는 것이 중요하다. 많은 사람이 '실제로' 목표를 세우지 않는다. 결국은 되고 싶은 사람에 대해 구체적으로 아는 사람이 얼마 되지 않는다. 재보지 않은 것은 확실히 알 수 없는 법이다. 자신이 누구고, 어떻게 알려지고 싶고, 어떤 사람이 되고 싶고, 어떻게 기억되고 싶은지를 명확히 정해놓을수록 자신의 가치에 맞게 사는 것이 더 쉬워진다. **명료함은 현실이 된다.** 이는 곧 자기실현적 예언이다.

용기 내어 꿈을 꿔라. 크게 생각하고 미래에 대해 흥분하라. 누구도 당신에게서 그런 꿈을 훔치거나 당신이 그런 생각을 해서는 안 된다고 믿게 만들어서는 안 된다. 꿈을 잃으면 희망을 잃고, 희망을 잃으면 당신의 가치를 잃는다. 꿈은 현실이 되고, 생각은 사물이 된다.

당신은 부족함 없이 가치 있는 사람이지만, 아직 원하는 모든

것을 갖지 못했다. 그러니 **성공할 때까지 자신의 참모습을 유지하고,**
성공할 때까지 성공하려고 한다는 걸 숨기지 마라.

"젊었을 때의 당신에게 어떤 충고를 하고 싶은가?"라는 질문을
종종 받는다. "술을 끊어라"와 "창업하라" 외에 "자신을 잘 돌봐
라"라는 조언을 해주고 싶다. 나중에는 지금 당신이 당연하게 여
기는 자기 모습을 계속 갖고 있기를 바랄지 모른다.

존경심을 갖고 자신을 대하라. 당신의 가치와 개인적 행동 원
칙을 존중하라. 살면서 해보고 싶은 일을 해보라. 일 잘한 당신에
게 보상하라. 크고 작은 승리 모두를 축하하라. 자신을 응원하고,
교육하고, 잘 훈련하라. 잘 먹고, 푹 쉬고, 잘 자라. 열심히 일하고,
즐거운 일을 하고, 사랑하고, 놀고, 웃고, 열심히 살아라.

그리고 항상 이렇게 하지 못한다고 해서 자책하지 마라. 자신
을 쉽게 용서하라. 웃어넘겨라. 다시 한번 해봐라. 최선을 다해라.
이것이 당신이 할 수 있는 전부고, 그것만으로 충분하다.

성공 방정식 2

가속도를 붙여라

궁지에 몰려 기분이 우울하고 자존감이 추락했거나 좌절하고, 혼란스럽고, 압도당하고, 자기 연민과 혐오감에 빠져 있다면 상황을 뒤집을 '마법의 레버리지'가 있다.

- 뭐라도 하라.
- 한 가지 일을 하라.
- 어떤 일이라도 하라.
- 잘못된 일일지라도 뭐든 하는 게 안 하는 것보다는 낫다.

움직이는 몸은 계속 움직이려 하고, 쉬는 몸은 계속 쉬려 한다. 이것이 뉴턴의 운동 법칙 가운데 제1법칙인 '관성의 법칙'이다. 정지해 있는 물체(아무것도 안 하는)와 움직이는 물체(뭔가를 하는)는 서로 혹은 제삼자에 의해 힘이 가해지지 않는 한 계속 같은 일(정지 내지 움직이는 상태)을 할 것이다.

이 운동의 법칙은 정말로 간단하다. 물론 당신이 완전히 의욕을 잃거나 저평가되었다고 느낄 때는 움직이기가 그렇게 간단하지는 않다. 우리는 종종 이런 식의 큰 벽이나 산을 우리 앞에 놓는다. 즉, 우리가 할 일이 버겁고 힘들고 무섭다고 생각한다. 그러면 의욕이 크게 저하된다. **공허함의 크기는 광대하다. 그런데 바로 이때 당신이 무언가, 한 가지라도 해야 한다는 걸 기억하는 것이 현명하다.**

어떻게 하면 코끼리를 먹을 수 있을까? 한 번에 한 입씩 먹으면 된다. 어떻게 하면 마라톤을 뛸 수 있을까? 한 번에 한 걸음씩 달리면 될까? 어떻게 하면 책을 쓸 수 있을까? 한 번에 한 단어씩 쓰면 된다.

집필 문제에 대해 한마디 더 하자면, 이건 정말 힘든 일이 아닐 수 없다. 내가 책을 쉽게 쓸 거라고 생각하는 사람도 있을 것이다. 전혀 아니다. 책을 많이 썼다고 해서 점점 더 쉽게 쓸 수 있는 것도 아니다. 그러나 책을 완성하는 내 방법은 절대 변하지 않는다. 나는 한 번에 한 단어씩 쓴다. 행동은 행동을 낳는다. 그러다 가속도가 붙으면 더 많은 행동으로 이어진다.

나는 팟캐스트를 통해 영국 최고의 인질 협상가이자 자살 예방 전문가를 인터뷰한 적이 있다. 그녀는 수많은 자살 사건을 처리하며 다수의 생명을 구했다. 그녀는 사람들이 살면서 세 가지 중대한 나쁜 사건을 한꺼번에 겪을 때 극심한 우울증을 겪거나 심지어 자살을 고려한다고 말했다. 그녀는 대부분의 사람들이 한두 가지 불행한 사건은 감당할 수 있지만 그 이상의 사건들을 동시에 겪으면 무너질 가능성이 크다고 말했다. 내가 그녀에게 그럴 때는 어떻게 하면 좋은지 조언을 구하자 그녀는 이렇게 말했다. "한 가지 사건부터 해결하기 시작하세요. 세 가지를 모두 해결하려고 하는 건 무리입니다." 한 가지를 먼저 정리하거나 시작하라. 일단 그것이 해결되거나 적어도 해결 가능성이 커지면 스트레스와 압박감이 줄어들고, 시야가 밝아지면서 사건 해결에 탄력이 붙는다.

다만 한 가지 일을 고른다면 그것을 의미 있는 일로 만들어라. 의미 있는 일을 완수했을 때는 이어서 할 일에 더 큰 가속도가 붙고 최고의 보상을 받는다.

우선 의미 있는 일을 하면 사소하고 피상적인 일을 하지 않게 된다. 사소한 일에 얽매이면 자존감 배터리의 수명이 일시적으로 하락할 가능성이 커지면서 어떤 의미 있는 일도 쉽게 처리할 수 없게 된다. 사소한 일이 중요한 일에 방해가 되지 않도록 해라.

하찮은 일이 자기도 모르는 사이에 해야 할 다른 의미 있는 일을 방해할 수 있으니 그렇게 하지 못하게 막으라는 뜻이다. 당신이 하찮은 일에 지나치게 목을 매다가 그것을 지키는 '자칭 경찰'이 되려고 하는지 확인해보라. 만일 그렇다면 빨리 경찰관직에서 은퇴하거나 스스로를 해고하라.

의미 있는 일을 하면 큰 보상을 받게 된다. 이 보상은 뇌에서 **'행복한' 화학물질이 생성되며 당신에게 더 많은 일을 할 수 있게 가속도를 붙여준다. 이때 받는 느낌은 중독성이 강하다.** 그럴 수밖에 없다.

미국의 심리학자 데이비드 리버만David J. Lieberman은 "행복은 가치 있는 목표를 향한 전진"이라고 말했다. 리버만에 따르면 뇌에서 행복감을 느끼게 만드는 4대 화학물질은 도파민, 옥시토신, 세로토닌, 엔도르핀인데, 그것들은 우리가 가치 있는 목표를 향해 전진할 때 방출된다. 신중하게 선택한 단어들로 이루어진 이 말의 핵심은, 일의 의미에 따라서 보상이 달라진다는 것이다. 정말 힘든 일을 이뤄냈을 때 자신만만해지는 이유도 이 때문이다. 아마도 당신은 마라톤을 완주하거나 빚에서 벗어났을 때 어떤 기분인지 알고 있을 것이다. 모두 정말 애써서 힘들게 얻어낸 결과다.

사소하고 중요하지 않은 일을 해봤자 돌아오는 보상은 거의 없다. 소셜미디어에 시간을 낭비해놓고 의기양양해하는 사람은 아무도 없다. 당신은 자신이 '성공과 실패'의 갈림길에 와 있다고 느낄 때가 있다. **성공은 잘못될 수도 있을 이 중요한 순간을 이겨내면서, 더욱 독립적이 되고, 자존감도 높아질 때 찾아온다.**

'분투'는 이러한 과정에서 떼려야 뗄 수 없는 행동 원칙이다. 광속 인터넷, 원클릭 주문, 라이브 스트리밍 소셜미디어로 대표되는 인스턴트 세계 속에서 우리는 너무 조급해진 나머지 종종 빠른 해결책이나 지름길을 찾기 위해 부정행위를 하면 했지 분투하려고 하지는 않는다. 진정한 지름길을 찾으러 멘토를 구하는 것과 이미 검증된 과정을 배우고 따르는 것 그리고 단시간 내에 부자가 되려는 것과 투자를 하지 않아도 수입을 기대하는 것처럼 게으름을 피우면서도 뭔가 큰 걸 얻으려는 것 사이에는 큰 차이가 있다.

중요한 한 가지 일에 '분투'한다면 쉬운 길로 갈 때보다 얻는 이점이 많다.

- 성공할 수 있는 분위기를 만들어준다.
- 계속 의미 있는 일을 할 수 있게 보상해준다.
- 가치의 의미를 가르쳐준다.
- 회복력을 길러준다.
- 싸울 배짱이 없거나 일에 맞지 않는 사람들을 걸러내준다.
- 어려움을 이겨내고 성공하려는 데 집중하게 해준다.

- 능력을 향상시켜 주고, 더 훌륭한 도구와 경험을 제공해준다.
- 경험과 가치를 높여주고 보답해준다(지원해주고, 가르쳐주고, 기부해주고, 영감을 준다).
- 우리의 진정한 모습과 능력을 보여준다.
- 다음번에는 일을 더 쉽게 처리하고, 더 큰 도전에 대비하게 해준다.

많은 사람이 더 빠른 결과를 바라면서 지름길을 찾아 이리저리 뛰어들면서 시작했다 멈췄다 중단했다 바꿨다를 반복한 끝에 결국 시간만 낭비하고 마는 광경을 자주 목격했다. 다시 시작할 때마다 똑같은 혼란을 되풀이해야 한다. **"일이 더 쉬워지길 바라지 말고, 당신이 더 나아지길 바라라."** 출구 없는 블랙홀에 갇힌 사람들을 위한 현명한 조언이다.

어려움을 헤쳐나갈 때 일이 더 쉬워진다. 쉬운 길을 찾는 패턴에서 벗어나라. 이때만큼은 적극적으로 꾸물거려도 좋다.

- 숨을 크게 들이마시고 전화기를 들고 판촉 전화를 걸라.
- 사과해야 할 사람에게 찾아가 직접 눈을 보며 사과하라.
- 다른 모든 직원들보다 먼저 심술궂은 고객의 불만 사항을 처리하라.

확신

• 쉽고 편한 방법을 찾는 모든 산만함을 차단하고, 미뤄왔던 일에 깊이 집중하라.

당신이 우러러보는 지구상의 모든 사람들도 당신과 똑같은 내적·외적 투쟁을 했다. 하룻밤 사이에 성공하는 그날까지 수십 년 이상이 걸렸다. 세상의 모든 우아한 발레리나의 발은 반창고와 상처로 도배되어 있다.

성공 방정식 3
한 가지를 정복하라

무엇이든 상관없다. 당신이 좋아하는 일 하나만이라도 정복하라. 학창 시절 나는 대부분의 일들을 어중간하게 했고 특출나게 잘하는 일이 별로 없었다. 하지만 내가 학교에서 존경했던 아이들은 한 가지 일에서 뛰어났다. 괴짜로 불리거나 자신감이 부족한 아이들까지 남들보다 어떤 일을 더 잘했을 때 생기를 되찾고 자신만만해하는 모습을 쉽게 볼 수 있었다.

데이브는 과묵한 편이었는데, 우리 학년에서 수학을 제일 잘했다. 그는 수학 이야기만 나오면 전에 없이 자신감을 내비쳤는데, 어떤 때는 약간 건방진 어투로 말하며 잘난 체하고 으쓱댔다. 걸

확신

음절이까지 그렇게 보일 정도였다.

　내면의 자신감과 자존감은 자신에게 힘과 기술과 가치가 있다는 것을 아는 데서 나온다. 세상은 몇 가지 일을 그냥 잘하는 사람이 아니라 한 가지 일을 특출나게 잘하는 사람에게 파격적인 보상을 해준다. 자신의 활동 분야에서 최고의 인재는 인류가 가장 위대한 잠재력과 능력을 발휘할 수 있게 도와주기 때문이다.

　당신이 무엇의 달인인지는 중요하지 않다. 그것이 열정이든 직업이든 당신에게 큰 기쁨을 가져다주고, 수백만 달러를 벌어주고, 다른 사람들에게 큰 가치와 도움을 줄 수 있다면 정말 멋지다. 하지만 중요한 건 그러한 숙달을 통해서 얻게 되는 내면의 가치에 대한 감정이다. 한 분야에서 자신감을 가질 수 있다면 다른 분야에서도 자신감을 가질 수 있다. **하나의 성공은 단서를 남기고, 당신이 한 가지 일에 성공하기 위해 견뎌야 하는 모든 것은 당신의 일에 흔적을 남길 것이다.**

　술집에서 친구들이 애완동물 주인이 져야 할 책임에 대해 투덜대는 말을 들은 게리 달Gary Dahl은 돌멩이를 반려동물처럼 키우는 애완용 돌 '펫 락Pet Rock'을 고안해냈다. 돌멩이는 최소한의 장식과 소유자 매뉴얼이 포함된 상태로 출시되었다. 그것은 새빨간 거짓말이었지만, 미국 전역은 그 거짓말에 끼어들기를 원했다. 그는

1년 동안 돌멩이 하나당 4달러의 가격에 150만 개의 돌멩이를 팔았다. 판매 비용은 거의 들지 않았다.

온라인에서 '안시 청 Anshe Chung'으로 유명했던 아일린 그라프 Ailin Graef는 온라인 가상세계인 '세컨드 라이프 Second Life'에서 주민들에게 가상농지를 분양하여 회원들이 자신만의 건물을 짓거나 창작물을 만들 수 있게 해줬다. 그는 세컨드 라이프에서 사용하는 전용 통화인 '린든 달러 linden dollar'로 100만 달러를 벌었다.

쿠로 타카소미 Kuro Takhasomi는 장애를 열정으로 바꿨다. 그는 e스포츠 분야에서 가장 많은 돈을 번 선수라는 기록을 얻기도 했다. 쿠로는 몸을 잘 움직이기 힘든 장애를 앓고 있어 실외보다 실내 게임을 하게 되면서 위대한 '경력'을 쌓았다.

필라델피아 출신인 버나드 Bernard와 머레이 스페인 Murray Spain 형제는 미소를 머금은 노란 얼굴, 즉 '스마일리 smiley' 캐릭터의 법적권리를 샀다. 두 형제는 가능한 모든 것에 이 이미지를 붙이기 시작했다. 스마일리는 미국에 이어 곧 세계로 퍼져나가며 유행했고, 1971년에 정점을 찍은 후 1년 반 만에 수그러들었다. 하지만 5000만 달러의 매출을 올리기에는 충분한 시간이었다. 이후 두 형제는 1980년대 후반 '달러 익스프레스 Dollar Express'라는 체인점을 세워 스마일리 판매를 계속했다. 2000년에는 5억 달러를 받고 체인점까지 팔았다.

자루에 콩을 채운 뒤 털이 달린 귀를 붙이고, 귀여운 이름을 지어주면 어떻게 될까? 해즈브로 Hasbro 와 마텔 Mattel 을 합친 것보다 더 큰 장난감 제국이 탄생한다. 타이 워너 Ty Warner 가 설립한 비니 베이비스 Beanie Babies 는 애틀랜타에서 열린 첫 장난감 쇼에서 이 비니 베이비를 3만 개 팔았다. 비니 베이비 열풍이 한창일 때, 타이는 1년 동안 7억 달러의 매출에 총 30억에서 60억 달러의 이윤을 올린 것으로 추정된다.

나는 이런 종류의 이야기들을 좋아하는데, 이런 이야기들은 정말 많다. 우리는 우리가 대중적이거나 전통적이거나 입증된 일에 숙달해야 한다고 생각하지만, 말 그대로 사실상 **모든 분야에서 최고의 가치를 이끌어낼 수 있다.**

아버지는 내가 원하는 건 무엇이든 할 수 있는 완전한 자유를 주셨고, 경제적으로 지원해주셨다. 이는 한없이 감사한 일이지만, 내가 무언가를 중도에 포기하거나 새로운 것을 시작하기가 항상 아주 쉬웠다는 게 문제였다. 처음에는 득달같이 덤벼들었다가 어영부영하다 보면 일이 힘들어졌다. 노력에 수확체감의 법칙이 적용되는 '숙달 부분'은 시간은 오래 걸리면서 난도는 높아진다. 바로 그때마다 나는 다른 일로 이동했다. 분투의 고통은 해소되었고, 이번 일이 더 쉬울 거라는 천진난만한 흥분과 믿음이 생기곤 했다.

예를 들어 운동이란 운동은 거의 다 해봤다. 세 가지 무술에서 갈색 띠 이상을 땄고, 무술 외 다른 운동도 여러 개 해봤다. 내가 운동하는 데 쏟았던 노력과 에너지의 절반만 한 분야에 쏟았다면, 그것이 심지어 별난 분야라고 하더라도 나는 지금보다 더 유명해지고, 달인의 경지에 도달한 사람으로 인식될지 모른다.

고맙게도 몇 번의 초기 실패 뒤에 나는 내 사업을 시작했다. 유능한 기업인이 된다는 건 '만능 전문가'가 될 수 있다는 뜻이다. 작가, 인플루언서, 면접관, 소셜미디어 논평가, 코치, 컨설턴트 등이 될 수 있다.

나는 새로운 일을 시작할 때마다 이렇게 거대한 자신감을 가지곤 했다. 그런데 이렇듯 '근거 있는' 기대나 믿음보다는 막연한 바람을 갖고 다음 일로 넘어가면 이런 자신감이 급속히 줄어들었다. 그럴 때마다 매번 당신의 자존감 배터리의 수명이 떨어지게 된다. 외적인 증명이나 검증이 거의 없더라도 지금 내면의 자존감 회복에 힘쓸 수 있기는 하지만 무언가를 잘하게 되면 자존감은 크게 높아질 것이다. 그렇게 되었다는 걸 보여주는 증거는 당신 삶의 다른 영역에도 긍정적인 효과를 연출해줄 것이다.

내가 부채를 청산하자 내 개인적·사회적 자신감도 높아졌다. 그것은 7년에 걸쳐 쌓인 빚이었기에 나는 7년간의 고통 끝에 해방되는 듯한 느낌을 받았다. 내가 우수한 경영과 마케팅 기술을 배우면서 자신감이 올라가자 내 사업의 다른 많은 분야와 사업에 대한 믿음도 동반 상승했다. 나는 직원 관리나 법적 문제, 정책 변화 심지어 심각한 경제 불황 등 내 앞에 던져진 어떤 도전도 더 잘 해결할 준비가 되었다는 자신감을 느꼈다.

그와 더불어 자존감도 커지면 당신은 다른 사람들을 가르칠 만한 자격이 된다는 느낌을 받게 될 것이다. 나는 요즘 사업을 하면서 내가 개인적으로 성취하는 것이 아니라 우리 팀이 개별적으로나 집단적으로 성취하는 것들로부터 많은 즐거움을 얻는다. 그러면 자존감도 계속해서 높아지는 선순환이 연출된다. 내가 **다른 사람들을 돕고, 이끌고, 영감을 주는 위치에 있다는 느낌은 당신이 살면서 느낄 수 있는 가장 좋은 감정 중 하나다.** 당신은 흔들리지 않는 자존감과 더불어 감사도 느끼게 될 텐데, 그것은 어떤 고통과 어려움도 치유해주는 감정이다.

원하는 인생을 끌어당기는
확신의 3단계

높은 자존감과 자기 확신에 이르는 전략으로 '3A: Aware-Accept-Act'라는 확신의 3단계를 소개하려 한다.

- **1단계(인식하라 Aware)**: 감정을 지각하고 통제하라.
- **2단계(수용하라 Accept)**: 순리를 따르라. 이미 일어난 일을 바꿀 수 없다. 이 사실을 수용하고, 아직 보지 못하고 있던 자신에 대한 새로운 사실을 발견하라.
- **3단계(행동하라 Act)**: 어떤 상황에서나 장단점의 균형을 잡아라. 이후 그 상황에 대해 긍정적이고 선제적으로 행동하라.

확신

이 3단계 시스템은 당신의 자존감에 부정적인 영향을 미치는 모든 영역에서 작동한다. 이를 통해 당신의 감정, 생각, 행동을 돌보는 것이 일상생활에서 습관으로 자리 잡을 수 있게 훈련한다면 진정한 삶의 주인으로 거듭날 수 있다.

1단계: 인식하라.

지금 느끼는 감정이 무엇인지 관찰하고 명명한 뒤 통제하라.

우선, 어떤 감정을 느끼는지 인식하라. 인간은 자신이 느끼는 감정을 인식할 수 있는 특별한 능력을 갖고 있다. 우리는 감정에서 자신을 분리하고, 그것을 의식하고, 실시간으로 평가할 수 있다. 알기만 하면 당신이 지금 하고 있는 것보다 훨씬 더 많이 활용할 수 있는 꽤 놀라운 기술이다.

나는 머릿속에서 내 마음이나 의식을 두 부분(두 사람이나 목소리)으로 나눠서 생각하기를 좋아한다. 하나는 내가 느끼는 감정이다. 그것은 강하고, 내 몸 전체에 화학물질을 보낸다. 다른 하나는 더 수동적이다. 즉, 그것은 그런 감정을 알아차리고 논평하며 관찰하는 구경꾼이다.

내 책이 별 한 개짜리 평가를 받거나 아이들이 새벽 4시에 서로 치고받는다고 치자. 그럴 때는 일단 원초적인 감정이 자동으로 폭발한다. 좌절감, 분노, 혹은 거부감일 수 있다. 그것이 커지다가 과거에 겪었던 비슷한 사건들이 머릿속에 떠오른다. 이때는 멈춰라. 기다려라. 관찰하고 냉정을 찾아라. 아직 누구도 두들겨 패지 마라. 여기에서 감정 통제는 감정을 부정하거나 느끼지 않는 게 아니라 감정을 관찰하고, 이해하는 시간을 갖는 것이다. 자신이 왜 그렇게 느끼고 반응하는지, 이런 감정이 대체 무슨 도움이 되는지 고민해 보면 된다. 이어 2단계로 넘어가라.

2단계: 수용하라.

엎질러진 물이다. 이미 일어난 일을 되돌릴 수 없다. 그렇다면 생각을 바꾸어 이 사실을 수용하는 데 도움이 되지만, 아직 그것이 뭔지 보지 못하고 있는 당신에 대한 새로운 사실을 발견하라.

우리 중 누구도 완벽하지 않다. 당신은 부정적 감정에 휘말린 채 지속해서 그 감정을 느낄 수 있다. 당신이 아닌 '당신 안의 망할 놈', 즉 감정적이고, 유치하고, 변덕스러운 또 다른 당신 때문이다. 이때 중요한 것은 감정이나 욕구, 중독에 지배당하는 것은 자신의 본래 모습이 아님을 명심하는 것이다. 펄쩍펄쩍 뛰면서 에너지를 낭비하며 사방에 뿌려댈 수도 있겠지만, 그래도 이미 일어난 일은 조금도 바뀌지 않을 것이다. 달라지길 바라지도 마라. 원하는 대로

확신

되지 않았다고 해서 원래 그렇게 된 일을 어쩌겠는가.

이제 원초적 감정에 의해 가려져서 잘 보이는 곳에 존재하지만 아직 보지 못했거나 불균형적으로 보고 있는 사실들을 찾아라. 과거는 사라졌다. 과거의 짐은 현재의 곤경과는 아무 상관이 없다. 그것이 현실에 영향을 미치지 않게 하라. **나는 지금 내가 처한 상황이 나에게 어떻게 영향을 미치게 만들지 직접 선택한다.** 내 감정을 통제할 수 있으니 감정이 나를 어떤 식으로 느끼게 하지 못한다. 감정에 휘둘린다면, 이런 상황에서 무엇을 배우겠는가?

3단계: 행동하라.
어떤 상황에서도 장단점의 균형을 찾아라. 이어 긍정적이고 선제적으로 행동하라.

맥락을 살펴보면서 상황을 다른 관점이나 긍정적인 관점에서 살펴보라. 이번 상황이 어떤 선물을 안겨주는가?

예를 들면 이렇다. 일단 내가 별점 하나짜리 서평에서 귀중한 피드백을 얻을 수 있을까? 다른 서평들이 모두 별 한 개는 아니므로 그들에 더 신뢰가 갈까? 아이들과 거칠게 놀아줄 기회인가? 해야 할 일이 많으니 새벽 4시에 일어난 게 잘된 일인가? 이러한 경험이 다음에 더 큰 상황을 잘 대처하는 데 도움이 될까?

다음으로 명확하고 선제적으로 결정하라. 문제를 어떻게 해결할 것인가? 해결하기 위한 다음 단계는 무엇인가?

얼마나 어려운 과제를 해결해야 하는가와 무관하게 이 3단계 과정을 독학할 수 있다. 다행히도 세상이 당신에게 도전 거리를 줄 때마다 이것을 연습할 수 있기 때문에 도전이 커질수록, 이 과정을 더 잘 숙달할 수 있게 된다.

나 역시 항상 내 감정에 휘둘리고 당해왔기 때문에 감정의 절제가 가능하다는 사실조차 알지 못했다. 일단 감정에 휘둘릴 필요가 없다는 걸 깨달으면 이 3단계 과정을 밟는 데 몇 주가 아니라 며칠이면 될 것이다. 이 과정을 연습할 때마다 3단계를 거치는 데 걸리는 시간을 단축할 수 있다. 심지어 어떤 상황에서는 전체 과정을 1초 만에 통과할 수 있다.

내 감정을 효과적으로 관리하는 일은 자존감을 확보하는 데 필수적이다. 자신과 타인을 용서하고, 감정에 휘둘리지 않으면, 더 행복해지고 생산적이 되면서 더 깊고, 강하고, 흔들리지 않는 자존감을 얻게 된다.

그러니 감정에 반응하기보다는 인내심을 갖고서 명확하게 모든 면을 볼 수 있는 능력을 적극적으로 키워라. 공부하고 배우고, 현명

확신

한 사람에게 피드백을 받고, 일시적이지 않고, 성급하지 않으며 가장 적합한 결과를 가져올 수 있는 일관된 감정을 찾아라.

이때 부는 행복을 의미한다는 것을 기억하는 게 좋다. '부'를 뜻하는 'wealth'라는 단어는 행복을 뜻하는 고대 영어 단어 'weal'과 상태를 뜻하는 'th'에서 유래했다. 행복한 상태가 부의 본래의 뜻이라고 할 수 있다. 따라서 총체적이고 정확한 부의 정의는 돈, 배려 그리고 자신과 타인에 대한 기여를 통해 얻는 행복과 번영이다.

감정을 관리하면 행복해지고, 행복해지면 자존감을 높일 수 있으며 부를 관리할 수 있게 된다. 더 많은 돈을 벌고, 더 많은 사람과 나누게 될 것이다.

PART 5

감정으로부터
자신과 부를 지키는 비결

· 제5원칙 ·

돈보다 감정을 더 철저히 관리하라

감정의 장난

감정의 통제는 하나의 온전한 삶을 살기 위한 핵심 기술 중 하나다. 예전에는 감정을 '통제'할 수 있다는 사실을 전혀 알지 못했다. 그런 방법을 배운 적도 없다. 아버지는 마음먹은 일은 뭐든지 이룰 수 있다는 믿음을 나에게 심어주셨지만, 인생이 우리에게 던져준 가장 큰 숙제, 즉 이미 일어난 일이 아니라 그 일에 감정적으로 잘 대처할 방법에 대한 준비가 되어 있지 않았다.

당신의 사업은 당신이 성장하는 속도로만 성장할 수 있다. 전문적이거나 개인적 관계 또는 친밀한 관계 등은 당신이 다른 사람을 어떻게 대하는지, 그들을 위해 어떻게 감정을 쏟는지를 보여준다.

감정을 통제할 수 있어야 돈이 불어난다. 식습관이나 운동과 같은 행위도 감정에 의해 결정된다. 가장 중요한 것은 역시 당신 자신 그리고 당신의 자존감과 맺는 관계다.

인간은 누구나 감정을 느낀다. 그러니 당신이 어떤 감정을 느끼거나 그런 감정과 씨름한다고 해서 다른 사람보다 열등한 건 아니다. 사실 당신이 감정은 아니며, 대개의 감정은 덧없는 느낌이다. 감정은 단지 사적이고 내적인 피드백 체계로, 위협이나 기회에 적절히 대응하며 독립적이면서도 상호 의존적으로 생존하고, 성장하며, 번창할 수 있게 도와준다.

하지만 감정은 당신에게 장난을 친다. **현재 자신이 느끼는 감정과 자신을 분리하면 자신의 정체성을 보다 명확하게 이해할 수 있다.** 그러한 분리는 당신이 유익하고도 현명한 결정을 내리는 데 도움이 된다. 감정이 지속적인 성장에 필요한 귀중한 피드백 역할을 해주는 장점이 있다면 그것이 당신에게 장난을 친다는 건 단점이다. 당신은 자신이 누구인지 기억하기보다는 당장 어떻게 느끼느냐에 초점을 맞추고 싶은 유혹에 쉽게 빠져들 수 있다.

당신은 좌절과 조바심이 샘솟는 샘물 같은 존재가 아니다. 당신은 보잘것없지도 가치가 없지도 않다. 오히려 당신은 다른 누구보다도 위대하다. 당신은 분노한 '나쁜 놈'도 아니며, 질투와 증오로 삐뚤어지지도 않는다. 하지만 가끔 그런 기분이 들 수도 있다. 그런 감정은 강렬하다. 임박한 위협을 경고해야 하므로 긍정적인 감정보다 더 강하다. 살면서 그런 감정에 의해 방해를 받아야 위험에서 벗어나 안전을 보장받을 수 있기 때문이다.

순간적으로 고조된 감정은 이내 사라지겠지만, 당신은 언젠가 그런 감정을 다시 만나게 될 것이므로 자신을 지키면서 그것을 다룰 전략을 마련해놓아야 한다. 그러므로 다양한 감정의 속임수에 각별히 주의하라.

- 실제보다 더 나쁘거나 힘들어 보이게 만든다.
- 실제보다 더 좋거나 쉬워 보이게 만든다.
- 선제적이 아닌 한발 늦게 대처하게 만든다.
- 신뢰보다는 두려움을 갖게 만든다.
- 당신의 행동이나 정체성에 대해 비합리적인 방식으로 되묻게 만든다.
- 현재 느끼는 감정 때문에 단기적인 결정을 하게 만든다.
- 현재와 미래의 결정에 부정적인 영향을 미치는 과거의 감정들을 끄집어낸다.
- 극단적이거나 일방적인 견해를 갖게 한다.
- 당면한 문제와 관계없는 일들조차 당신이 순간 느끼는 감정에 영향받게 만든다.

감정의 속임수에 맞서는 데 앞서 설명한 확신의 3단계가 매우 유용하다. 이를 통해 경솔하고 변덕스러운 결정을 내리는 일 없이 감정의 맹공을 극복하고 살아남을 수 있다. 그러면 **식습관이나 소비, 관계, 채용, 해고, 대출, 투자 등 모든 면에서 결과가 달라진다.**

강하거나 극단적인 감정을 경험할 때는 최대한 어떤 결정도 내리지 않으려 애써라. 영화 〈헐크〉에서 과학자 브루스 배너^{Bruce Banner}가 헐크로 변했다가 되돌아오는 것처럼, 당신은 감정의 압박 속에서 대부분의 나쁜 결정을 하게 될 것이다.

예를 들어 방금 읽은 이메일 때문에 정말 화가 났다면 즉각 답신하지 마라. 남들 때문에 상처받았을 때 함부로 지껄이고 상처를 주는 말을 하지 마라. 외롭거나 거절당하거나 우울할 때는 먹지 마라. 흥분했을 때 흥청망청 쇼핑하지 마라. 일진이 사납다고 해서 아이들에게 화를 내지 마라. 안티팬들이 온라인 논쟁으로 유인한다고 해도 반응하지 마라. 갑자기 꾸물거리고 싶은 욕망이 커질 때 산만해지지 마라.

당신의 감정은 다른 사람에게 통제되지 않은 감정을 분출하도록 만들 만한 사건과 거기에서 오는 고통을 일으키기 쉽다. 현재 느끼는 감정을 그들에게 쏟아부어서는 안 된다. 이미 그렇게 했다면 후회했을 것이다. 당신은 스스로 곤경에 빠져서 기회를 날려버리거나 자기 얼굴에 먹칠하게 되거나 비굴한 표정을 지으며 사과해야 할 수 있다.

그러니 감정이 뇌우처럼 쏟아지더라도 기다려라. 나서지 말고, 입을 다문 채 참고 견뎌라. 날이 개듯, 내일, 아니 한 시간 후에 당신은 아주 다른 기분을 느낄 것이다.

오직 아이들만이 순간의 느낌에 따라 모든 행동을 한다. 그들은 성질을 있는 대로 부렸을 때 따라오는 부정적인 결과를 경험해보는 '혜택'을 아직 누리지 못했다. 당신은 그걸 충분히 누려야 한다. 그러니 자신의 감정을 무턱대고 믿어서는 안 된다. 과민반응일 지 모른다. 감정에 휘말렸다간 모든 걸 일반화시키고, 문제 상황을 맥락 없이 이해하고, 유치하게 행동할 수 있다. 감정을 뒷받침할 증거가 항상 있는 게 아니다. 단지 뭔가가 정말 좋게 느껴지거나, 아니면 반대로 나쁘게 느껴진다고 해서 그것이 정말 그런 건 아니다.

흔히 "자신의 감정을 믿어라" "감정은 당신의 참모습을 드러내 준다"라고 말한다. 나는 그런 말을 하는 사람을 결코 믿지 않는다! 감정은 당신을 속이고, 당신을 지배할 수 있다. 직관은 종종 틀린다. 모르는 건 끝까지 알 수 없는 법이다. 감정을 의심하라. 감정이 당신에게 무엇을 시키려고 하는지 의심하라. 그런 다음에 감정을 믿어도 늦지 않다.

마지막으로 특히 주의할 것은 일시적으로 자존감을 느끼게 해주는 효과가 있는 강력한 감정이다. 이런 감정은 항상 내가 옳았으면 싶은 욕구에서 나온다.

언젠가 기차에서 이 책을 쓰고 있을 때, 내 맞은편에 앉아 있던 남자가 쩝쩝 소리를 내며 햄버거를 먹었다. 나를 열받게 하려고 일부러 더 그러는 것처럼 느껴졌다. 나는 햄버거를 빼앗아 쓰레기통에 넣고 싶었다. 바로 그때 열차에서 시끄러운 안내 방송이 나왔다. 방송은 구글에 저장된 것보다 더 많은 정보를 쏟아내려는 것처럼 길게 이어졌다. 나는 스피커를 뜯어내 창밖으로 던지고 싶었다. 내가 세세한 부분까지 아주 집중해서 책을 쓰고 있다는 걸 몰라준 모든 이들이 야속했다. 그날 나는 잠시 이성을 잃었지만, 감정적으로 행동하지는 않았다.

물론 다른 사람은 틀렸고 나는 옳았을 수도 있다. 하지만 모두가 "제게 깨우침을 줘서 고맙습니다. 당신이 옳습니다. 오, 거룩하고 지혜로운 분이여. 당신이 모든 사람들이 보는 앞에서 제 잘못을 깨달을 수 있게 저를 비난해주셔서 감사합니다"라고 말하지는 않는다. 당신이 올바르다고 다른 이를 시시때때로 지적한다면 그들은 분노하기 쉽다. 그러면 당신에게 무슨 소용이 있겠는가? 당신은 잠시 중요한 사람이 된 것 같겠지만, 곧바로 당신의 위신은 그들과 함께 무너져 내린다.

이제 당신이 할 일은 명확하다.

- 덧없는 감정과 내면의 자존감을 혼동하지 마라.
- 당신 내면에 있는 아이가 경솔하고 감정적인 결정을 내리지 못하게 막아라.
- 감정이 가라앉고 이성이 돌아왔을 때 중요한 결정을 내려라.
- 감정적으로 행동하기 전에 먼저 자신의 감정이 옳은지 의심하라.
- 과거에 내린 감정적 결정의 의미를 통해 배운 것을 현재와 미래에 대한 피드백으로 활용하라.

당신의 내면에서 일어난 감정 투쟁은 진짜가 아니지만, 진짜처럼 느껴질 수 있다. 그런 성가신 감정과 감정이 치는 장난에 주의하라. 감정은 불현듯 나타나서 당신을 기습 공격한다. 공격에 대비하라. 방심하지 마라.

감정과 자신을
분리하라

사업이나 투자를 하면서 혹은 아이를 기르고 생활하면서 내가 배운 가장 큰 교훈이 무엇인지를 묻는 질문을 종종 받는다. 내가 이 모든 분야에 정통한 전문가는 아니지만, 다른 가능한 대답을 아우르는 한 가지 답을 해줄 수는 있다. 바로 "자기 자신을 관리하고 통제할 수 없다면 어떤 외부 상황도 마찬가지로 그렇게 할 수 없다"는 것이다. **이미 가지고 있는 것을 관리하는 법을 배울 때까지는 더 많은 돈과 시간과 자유와 행복을 얻지 못한다.** 소크라테스는 "너 자신을 아는 것이 지혜의 시작"이라고 말했다. 자신을 정확히 인식하고 이해하는 데 필요한 일이 있다.

- 자신에게 하는 거짓말(곤경에서 벗어나거나 자신의 부족함을 감추기 위해 둘러대는 말)
- 감정의 장난(속단이나 극단적 행동을 유발하는 감정의 기복이나 압박)
- 과거의 감정적 짐이 현재에 영향을 미치는 사고의 패턴
- 반복해서 저지르는 실수
- 자신의 장단점
- 감정이 가라앉으면 지금의 생각이 달라지리란 깨달음
- 지식이나 경험을 통해 자신에게 투자하는 것의 중요성
- 감정의 속임수에 대한 성찰을 바탕으로 발전하는 방법
- 개인의 정체성, 도덕률 중에서 받아들일 것과 거부할 것
- 극단적 경험을 할 때 정신을 집중하고 사고와 감정의 균형을 유지하는 방법
- 강렬한 감정이나 고통을 자극하는 사건을 관리하고, 그것이 발생한 맥락을 파악하는 방법

우리는 자기 외부의 것을 배우는 데 상당한 시간을 투자하지만, 자신에 대해 배우는 데는 비교적 주의를 덜 기울인다. 다시 말해, 세상이 당신에게 당신 자신에 대해 뭔가를 가르쳐줄 것이라고 기대할 수 없다는 뜻이다. **당신은 자신을 스스로 가르쳐야 한다.**

전통적인 교육은 당신이 먹고살 수 있게 해주겠지만, 독학은 인생을 꾸려나가게 해줄 것이다.

자신의 정체성에 대한 명확한 비전을 가져라. 어떤 사람이 되고 싶고, 어떤 사람으로 알려지기를 원하는지 알아라. 독학과 자기계발에 부단히 매진하며 피드백을 수용하라.

인식하고, 수용하고, 행동하라.

균형 잡힌 시각을 유지하라. 지나치게 감정적이거나, 불안하거나, 편협해졌다고 느낄 때마다 지금과 정반대되는 관점을 떠올려라. 자신에게 올바른 조언을 하되, 그것이 내면의 혹독한 비평가가 되지는 못하게 하라. 다른 사람들에게 현명한 조언을 구하고, 도움이 필요하거나 부정적 영향을 받을 때를 깨닫는 지혜를 쌓아라. 자기 인식과 이해를 지속적으로 개발하고 숙달하는 데 유용한 몇 가지 조언이 있다.

- 당신의 진가를 알아보고, 당신을 고양해주고 끌어 올려줄 훌륭한 멘토와 똑똑한 사람들을 만나라.
- 꾸준히 책을 읽고, 오디오북과 팟캐스트와 훌륭한 인플루언서들의 말을 경청하라.
- 강의나 세미나, 대가와의 만남, 온라인 교육 프로그램 등에 참석하라.

- 당신의 열정과 직업에 맞는 '동료 간 멘토링'이나 '사전 대책 강구' 모임에 참석하라.
- 성공한 사람에 관한 자전적·교육적 다큐멘터리를 시청하라.
- 특별히 관심 가는 분야에 관한 토론회 및 온라인 커뮤니티 모임에 참석하라.

또한 부단히 자기계발의 길을 걸어가는 데 필요한 비판적 사고 방법을 숙지하라.

- 통제할 수 없는 것은 대체로 받아들여라.
- 할 수 있는 일에 대해 전적으로 책임을 져라.
- 남을 비난하고 자신을 옹호하는 데서 그치지 말고, 대신 남을 도와주고, 당면한 문제를 해결하라.
- 외부의 평가는 당신의 정체성에 아무런 영향을 미치지 않음을 알아라.
- 문제의 해결책을 찾는 데 집중하면서 자기 내면의 목소리를 비롯한 모든 것에 질문하라.
- 성공과 실패를 똑같이 인정하라.

재능은 있지만 자기 이해가 부족한 사람들이 많다. 이들은 내적 투쟁을 하다가 자기의 긍정적인 점들을 스스로 망쳐버리기도 한다. 반대로 특별한 재능은 없어 보이더라도 자신의 정체성을 잘 파악해서 자기계발에 전념하는 사람들도 있다.

역대 최고의 재능을 가진 선수가 역대 최고의 선수는 아니다. 앞서 소개했지만, 다시 한번 상기해보자. 영국의 크리켓 선수 중 타고난 재능을 가진 선수는 많았지만, 누구도 앨라스터 쿡만큼 많은 득점을 올리진 못했다. 쿡은 자신에게 다른 타자들만큼 독보적인 재능이 없다는 것을 알았다. 그래서 자신의 능력에 맞게 플레이했고, 다른 선수들이 온갖 화려한 샷을 구사한 것과 달리 주로 두 가지 유형의 샷에 집중한 결과 많은 득점을 올려 오랫동안 선수 생활을 했다. 그는 겸손, 체력, 경기력을 높이려는 욕구를 항상 일관되게 유지했다. 은퇴를 앞두고 경기력이 저하되었지만 마지막으로 참가한 국제대회에서 70점을 올렸고, 마지막 경기에서는 센추리century(한 경기 100점 이상 득점)를 기록했다. 결국 다른 어떤 선수보다도 역사에 길이 남을 선수가 되었다.

돈을 벌면 그만큼 쉽게 날려버릴 수도 있지만, 가치 있는 것을 배우면 그걸 억지로 잊어버릴 수는 없다. 그것은 당신이 살아 있는 한 자산으로 당신 곁에 머물면서 삶의 다른 여러 영역들에 끊

확신

임없이 영향을 주고 그들을 개선해준다.

그래서 나는 "당신이 당신의 최고 자산이므로 자신에게 최고로 높은 이자를 주고, 현명하게 자신에게 투자하라"고 말해주고 싶다. 마지막으로 한 가지만 더 말해주자면, 항상 너무 심각하게 생각할 필요가 없다. 가볍고 즐겁게 살아라. 다른 사람이 말을 붙이기 쉽고 같이 있고 싶어 하는 사람이 돼라. 좌절이나 불만에 시달리며, 진짜 사는 것 같은 삶을 사는 법을 잊어버린 삶을 사느라 너무 많은 시간을 낭비해버리지 마라.

자책의 도돌이표에
마침표를 찍어라
죄책감·수치심

나는 여전히 자책하기도 하지만, 자책만으로도 모자라, 자책하는 것을 또 자책하기도 한다. 그 끝에는 더 철이 들어야 한다며 자신을 못마땅하게 여기는 내가 있다. 그럴 때마다 죄책감이나 수치심을 느낀다. 그동안 자기계발에 거액을 투자하며 배우고, 심지어 내가 강연에서 다른 사람들에게 강조하는 일이지만, 나 역시 스스로 자존감을 훼손하는 실수를 종종 한다.

억만장자인 톰 헌터 경^{Sir Tom Hunter}을 만났을 때의 이야기다. 그를 만나기 전, 나는 엄청 긴장해서 나를 깎아내리기 시작했다.

확신

'넌, 가치가 없는 인간이야. 그가 너를 좋아하지 않으면 어떻게 하지?'라는 생각이 들었다.

의식적인 행동은 아니었다. 톰 경을 만나러 엘리베이터를 타고 올라갈 때 나는 마음속으로 확신의 3단계(인식하라 - 수용하라 - 행동하라)를 되새겼다. 내가 만난 모든 성공한 부자들이 그렇듯 톰 경도 사랑스러운 사람이었다. 하지만 나는 여전히 불안감을 느꼈고, 내 내면의 목소리는 자존감을 계속 자극했다. 그의 사업과 자선 활동에 대해 이야기하다가, 나는 성공한 사람을 처음 만났을 때의 느낌을 그에게 솔직하게 털어놓았다. 그는 상당히 놀랐다. 내가 말하기 전까지 그는 내가 무슨 생각을 하고, 어떤 느낌을 받고 있고, 머릿속에서 어떤 혼잣말을 하고 있는지 전혀 알지 못했기 때문이다.

이 책을 성실히 읽었다면, 당신도 알 것이다. 우리가 생각하고, 느끼고, 걱정하고, 의심하는 모든 것을 다른 사람들은 알지 못한다. 그들이 우리가 자신을 바라보는 바와 똑같이 우리를 보고 있을 가능성은 거의 없다. 그들 역시 자기 내면의 목소리를 가지고 있다. 그들은 우리가 생각하는 것보다 우리를 훨씬 더 긍정적으로 평가할 수도 있다.

사람들은 같은 실수를 두 번 반복하지 말라고 조언한다. 또 실수에서

배우라고 말한다. 모두 이론상으로는 좋지만 현실 세계와는 완전히 동떨어진 조언들이다. 누구나 같은 실수를 두 번, 다섯 번, 혹은 몇 번이고 반복한다. 인간은 본래 잘하는 것을 잘하고, 못하는 것을 못하기 때문이다. 같은 실수를 반복해서는 안 된다는 것을 알고 있지만, 여전히 같은 실수를 한다. 의도가 나쁘지 않았던 이상 그래도 괜찮다. 당신이 최선을 다하는 것만으로도 충분히 잘했다. 당신이 꼭 명심하기를 바라는 조언이 있다.

- 우리는 모두 미완성이다.
- 우리 모두 우리가 아는 한도 내에서 최선을 다하고 있다.
- 우리 모두 자존감을 건드리는 도전을 늘 겪는다.
- 철이 좀 덜 들었다고 구제불능의 실패자가 되는 건 아니다.
- 실수를 반복한다고 해서 당신의 가치가 떨어지지는 않는다.

한편 자기계발에 한창 몰두해 있던 때, 내가 사람들이 말하는 소위 '교육 중독자'라는 느낌이 들기 시작했다. '새로운 교육 과정'만을 좇을 뿐 배운 것을 충분히 오랫동안 익히지 않고 빠져나오기 위해 늘 새로운 배움을 좇는 사람 같았다. 배우기만 많이 배웠지 배운 걸 충분히 실천하지 않고 있다고 느꼈다. 나는 그런 자신을 책망하고, 내가 쌓아올린 모든 것에 의심을 품기 시작했다.

그러자 나의 많은 멘토 중 한 분이 이렇게 말했다. "롭, 너는 배운 것을 결코 잃어버리지 않는 사람이다. 네가 배운 것들은 네 곁에 머물면서 기회를 발견하게 도와줄 거다. 너는 그럴 준비가 되어 있을 거다. 자신을 믿어라."

내가 철이 덜 들었다면서 자책하고 긴장하면, 잡을 수 있었던 기회까지 쉽게 놓치게 된다. 스트레스를 받으면 단지 위협이나 스트레스의 원인에만 골몰한다. 결국 해결책을 찾는 데 지력을 발휘하지 못하면서 창의성이 줄어들게 된다.

나는 배우기만 하는 습관을 과감히 끊었다. 또한 배운 것을 실행에 옮겨야 한다는 부담감에 시달리는 대신, 자신에게 일정한 압박을 가하면서 계속 학습해나갔다. 물론 배운 걸 실천할 시간도 있어야 하므로, 배울 시간과 실천할 시간 모두를 일정표에 마련해놓았다. 예를 들어, 나는 이번 주에 최고의 트레이너들을 위한 고급 말하기 및 영업 수업을 열고 있는데, 나는 지난 10년 동안 내가 공부하고 투자했던 말하기와 영업 관련 자료를 모두 활용할 수 있었다.

당신이 배운 모든 것은 언제라도 찾아 쓸 수 있는 은행에 보관되어 있는 현금과 같다. 자기계발로 얻은 자기 인식과 자존감이라는 자산은 타고난 직관 위에 쌓이면서, 결국 당신이 더 빠르고 더 나은 결정을 하도록 도와준다.

유쾌한 카타르시스

분노 · 질투 · 짜증

과거에는 사사건건 짜증을 잘 냈고, 그런 감정을 처리할 새도 없이 마음속에 담아둘 수밖에 없었다. 다 털어버리고 싶었지만 그럴 용기가 없어서 참았다. 하지만 압력이 쌓이는 곳에는 반드시 출구로 내보내는 밸브가 있어야 한다. 당시 내게는 그게 없었다. 배출구가 없으면 거대한 폭발이 일어나게 마련이다.

강한 폭발이 일어날 때마다 내 감정은 통제 불능이 되었다. 홧김에 다른 사람을 두들겨 패겠다고 위협할 뻔했고, 벽을 발로 차거나 물건을 박살낼 수도 있었다. 고함을 치거나, 비명을 지르거나, 울부짖거나 혹은 이 세 가지를 한꺼번에 할 수도 있었다.

당시에는 내 안에 쌓인 압력을 배출하기 위해 그렇게 행동해야 겠다고 느꼈지만, 그런 느낌은 건강에 해로웠다. 일종의 에너지 보존의 법칙(외부의 영향이 없을 때, 에너지의 총합이 일정하게 보존된다는 물리학의 기본 법칙)의 한 예였다. 짜증이 쌓여 분노로 변했고, 분노를 표출했을 때 내 주변은 온통 뒤죽박죽이 되었다. 그러다가 마음이 진정되면 극심한 죄책감이 밀려왔다. 하지만 이런 식의 순환은 이내 반복되곤 했다.

나는 분노를 느끼는 게 내 탓이고, 내가 그런 사람임을 인정하고 그대로 살 수밖에 없다고 생각했다. 하지만 내가 직접 개입해 문제를 해결하지 않는다면 나 자신이나 내가 아끼는 누군가에게 정말 나쁜 짓을 할 정도로 상태가 나빠질 뿐이다.

부정적이고 강렬한 감정을 안전하고 조용하게 분출하는 방법으로 넘어가기 전에, 인생에서 피할 수 없는 몇 가지 '열받는' 상황을 미리 받아들일 필요가 있다.

• 당신의 남편, 아내, 파트너는 언제든 당신을 정말 짜증나게 만들 수 있다.
• 당신의 자녀들은 당신을 미치게 만들 수 있다.
• 당신의 친구와 동료들은 엄청나게 불쾌한 인간들일 수 있다.
• 당신의 고객들은 유치하고 야비한 태도로 당신의 제품이나

서비스에 불평할 수 있다.

당신 주변 사람들이 단지 당신을 끊임없이 괴롭히기 위해 존재하는 것처럼 보일 때가 있을 것이다. 과거에 나는 이런 생각을 부정하려고 노력하곤 했다. 사람들은 늘 친절하지 않은가? 항상 사람들에게서 좋은 점을 봐야 하지 않을까? 사람들은 늘 최선을 다하고 있지 않은가? 그들이 일부러 날 화나게 하려는 건 아니지 않을까? 그들의 관점에서 보면 이해할 수 있지 않을까?

아마도 그들은 정말로 선한 의도를 지니고 있을 수도 있겠지만, 그래도 여전히 당신을 화나게 만들 수 있다.

그들의 면전에서 비명이라도 질러야 할 것 같은 강한 감정적 압박 때문에 어리석은 행동을 하기 전에, 반드시 스스로 점검해야 하는 두 가지 단계가 존재한다.

- **1단계:** 대체 행동[특정 행동과 동등한 기능을 지니는 적절한 언어적·비언어적 행동]을 수행하여 어리석은 행동이나 말하기를 중단하라.
- **2단계:** 감정을 완화하고, '쌓아놓았다가 터뜨리는' 식의 패턴에서 벗어나기 위해 카타르시스적 해방을 꾀한다(에너지 보존의 법칙을 밖으로 활용한다).

확신

1단계에서 활용할 수 있는 대체 행동을 알아두는 게 좋다.

- 어렵더라도 웃는 법을 배워라. 경청하고, 관찰하고, 심지어 사람들에게 감사하라.
- 그들이 그들 자신의 어려움과 감정 문제를 해결하고 있음을 이해해보라.
- 일단 가만히 있어라. 아무 말이나 행동도 하지 마라. 이메일에 답장하지도 말고, 보복하지도 마라.
- 그들이 말하고, 떠들고, 감정을 불태우도록 하라. 종종 그러다 진정할 것이다.
- 그들에게 관심을 가져라. 그들이 겪는 문제를 해결해주고 싶은 욕구를 가져라.
- 자신의 반응을 통제하고 신중하게 행동할 수 있다는 데 진심으로 감사하라.
- 더 극단적인 경우라면 그 상황에서 벗어나라.

진정하고 평정심을 되찾을 시간을 가져라. 명료함, 균형감, 논리력을 회복할 수 있도록 감정을 가라앉혀라. 때로는 호흡을 가다듬거나 충분히 생각해볼 수 있는 약간의 시간이 사실상 감정의 압박과 상황을 해결해주는 데 필요한 전부일 때도 있다. 하지만 감정의 압박에서 벗어나기가 좀처럼 어려울 때는 2단계가 도움이 될 수 있다.

- 불평을 늘어놓아도 되는 신뢰할 수 있는 친구를 사귀어라.
- 생각이나 감정의 균형을 잡아줄 현명한 상담가나 멘토를 가까이하라.
- 문제의 사건과 자신의 기분을 일기로 쓰거나 블로그에 공개적으로 게시하라.
- 글이나 그림 등의 창작 활동이나 유튜브, 팟캐스트 등 창의적 매체를 통해 감정을 발산하라.
- 운동, 무술, 등산 등 신체적 활동을 통해 발산하라.

사람들은 종종 내게 어떻게 그렇게 많은 책을 쓰고, 팟캐스트를 진행하고, 강연을 다닐 수 있는지를 묻는다. 최근까지는 이런 질문에 제대로 대답할 수 없었다. 그냥 평범하고 쉽게 해왔을 뿐이라고 생각했기 때문이다. 하지만 다시 생각해보니 진짜 이유는, 알게 모르게 감정의 압박에 시달리고 있었기 때문인 것 같다! 내 팟캐스트, 책, 블로그, 랜트rant(대개 큰 소리로 불평을 쏟아냄으로써 감정을 풀어내는 행동)는 나에겐 치료제였다. 나는 종종 내면에서는 벗어나고 싶어 하면서도 겉으로는 약간의 위엄과 존경심을 유지하고 싶은 욕구에 사로잡힌다. 이렇게 **내가 '억누르는' 것의 상당 부분은 글쓰기나 강연, 교육을 통해 분출된다.** 그리고 특히 랜트를 통해서. 랜트는 카타르시스를 주는 내 건강에 매우 유익한 운동이다.

이런 일련의 행위들은 다른 사람들을 돕고, 내 브랜드를 구축해준다. 이것은 다시 나에게 내 자존감을 살찌우고 높여주는 좋은 외적 증거를 제공한다. 당신도 나처럼 하지 못할 이유는 없다. 창의적으로 감정의 응어리를 표출하는 방법을 찾아라. 부정적인 에너지를 유익하고 의미 있는 것으로 전환하라. 당신이 느끼는 고통을 다른 사람들을 돕고 그들에게 영감을 주는 데 사용하라. 분노나 질투와 같은 강렬한 감정을 참았다가는 그것이 통제할 수 없는 방법으로 분출되거나 스트레스나 우울증과 같은 질병을 일으킬 수 있다. 이는 당신의 자존감을 더욱 악화시킨다.

마지막으로 한 가지만 더 말하자면, 나는 내가 입을 다물고 웃었다고 해서 후회한 적은 없지만, 입을 열고 비난을 퍼부은 데 대해 후회한 시간은 여러 번 있다. 무언의 미소는 감정의 압박 속에서 침착함을 유지하는 좋은 방법이다. **웃음으로 화를 참아라. 한 발 물러나라. 그러고 나면 좀 더 생산적이고 긍정적인 곳에서 감정을 분출하기 쉽다.**

충분하다고 느낀 적이 있었나?

불안 · 좌절 · 공허

　당신은 더 많은 것을 얻기 위해 노력하고 싶지만, 지금 행복해지고도 싶을 것이다. 당신에겐 동기부여가 될 배고픔과 조급함과 책임감이 필요하지만, 거기서 오는 좌절감과 혼란을 힘들게 참아내야 한다. 당신은 더 성장하고, 더 나아지기를 바라지만, 지금 당신이 이미 성취해놓은 것을 만끽하고 그에 안주하기를 원하기도 한다. 또 더 나은 사람이 되기를 원하지만, 또한 지금 이대로에 만족하고 행복하기를 원한다.

　이러한 욕구를 피상적으로만 이해하면 당신에게 별 효과가 없는 두 가지 극단적인 조언을 해주게 될 것이다.

- 1년 내내 치열하게 살아라. 점심도 거르고, 쉬지도 말고, 일주
  일에 100시간씩 일하라.
- 모든 것을 받아들여라. 마음을 비우고 살아라. 명상하고, 행
  복감을 표출하라. 항상 감사하고 지금을 소중하게 생각하라.

중요한 것은 둘 다 맞기도 하고 틀리기도 하다는 데 있다. **당신
은 결코 '완벽하게 충분해질 수' 없더라도 이미 충분하다. 당신은 바라는
모든 것을 가질 만한 가치가 있는 사람이다.** 당신은 감사하고 행복해
야 할 게 너무나 많다. 당신에겐 입증해야 할 게 아무것도 없다.
본래 그런 법이다. '그런데도' 당신은 욕심을 부린다. 그럴 때마다
더 하고 싶고, 갖고 싶고, 되고 싶은 게 늘어난다. 그리고 이런 일
은 계속 되풀이된다. 이 역시 본래 그런 법이다.

살면서 느끼는 공허한 감정들인 불안감, 좌절감이 없다면 우리
에게는 채우고, 성취할 것이 없어질 것이다. 더 좋은 것을 추구하
거나 얻고자 노력하지 않아 발전이 사라질 것이다. 당신은 공허
함을 채워 자신의 가치를 얻으려 애쓴다. 공허함은 그 자체로 당
신이 성장하고, 성취하고, 자아실현하게 만든다. 공허함을 채웠을
때는 기분이 좋아지지만, 한편으로는 발전이 멈추기도 한다. 하지
만 공허함은 이내 그 형태만 새롭게 바꾸어 당신을 다시 조급하
게 만든다.

- 부채에서 벗어나자마자 지출을 늘리고 다시 부채의 유혹에 빠진다.
- 독신일 때는 하루에 두 번 체육관에 가서 근육을 불리고 살을 뺐지만, 결혼하고 나서는 매일 밤 넷플릭스를 보면서 아이스크림 두 통을 해치워버린다.
- 은퇴 후 먹고살 수 있을 만큼 돈을 벌었지만, 삶이 지루하고 뭘 해야 할지 모르겠다.
- 너무 오랫동안 아이를 갖고 싶었으나 아이가 태어나자 모든 사람들이 사전에 경고했듯 전혀 몰랐던 완전히 새로운 혼돈의 세계가 열린다.
- 지나치게 헌신적인 부모가 된 나머지 당신이 누구인지조차 잊어버리고 자신의 욕구를 가장 후순위로 미룬다.
- 아이들이 자라는 시기에 그들과 많은 시간을 보내고 싶어서 거의 모든 시간을 투자하면, 돈을 벌 수 있는 기회나 능력이 줄어들고, 아이들은 당신의 존재를 하찮게 여기고, 당신은 새로운 변화를 원하게 된다.
- 다른 사람을 위해 주 40시간 일하느니 창업을 택했지만, 자신을 위해 주 80시간 일하게 된다.
- 새로운 회사로 이직했지만, 전에 다니던 직장과 비교해 동료들이나 사내 문화가 마음에 들지 않음을 깨닫는다.

인생의 여러 분야에 걸쳐 나타나는 공허함은 결코 쉽게 채워지지 않는다. 그래서 부와 성공, 사랑, 존경, 찬사 또는 아드레날린이 솟구치는 삶의 경험 등을 더 많이 얻기 위해 평생토록 노력한다. 그러는 중에 일시적으로 성취의 순간을 맞기도 하지만, 이내 공허함이 다시 찾아온다. 이러한 **인간의 운명을 저주로 볼 필요는 없다. 이는 오히려 위대한 선물일 수 있다.**

일론 머스크에게 배터리와 로켓을 제작하고 싶다는 동기를 불어넣어준 것도 이런 공허함이다. 에디슨이 전구를 발견하기 위해 1만 번의 실험을 통해 추진할 수 있게 해준 것도 마찬가지로 공허함이다. 이런 공허함은 모든 인간의 발전을 이끈다.

당신은 매 순간 더 많은 것을 해내야 한다는 마음과 현재 자신의 모습과 처지에 행복하고 감사하는 마음 사이의 역설과 마주한다. 혹은 짧은 순간의 값싼 행복과 긴 기간의 더 만족스러운 행복 사이에서 갈등한다. 지금 이대로도 특별하고 가치 있는 자신의 모습과 당신이 되고 싶은 사람이 되도록 이끌어주는 공허함 사이에서 고민할 것이다.

이러한 **반대되는 힘 사이의 '밀고 당기기'를 부단히 조율하다 보면 성장과 만족감 사이에서 어느 순간 지속 가능한 균형을 유지할 수 있다.**

• 더 많은 것을 얻고 싶은 지속적인 욕구에 만족한다.

- 이타적이면서 동시에 이기적으로 행동한다.
- 목표를 좇되 과정을 즐긴다.
- 작은 승리와 실패뿐 아니라 큰 목표를 기념한다.
- 미래에 집중하고 현재에 충실한다.
- 질서와 혼돈, 통제와 포기, 수용과 요구를 포용한다.
- 부와 경쟁은 물론 기부를 사랑한다.
- 당신은 자신이 생각하는 것보다 더 가치 있는 사람이며, 지금 만으로도 이미 충분하다는 것을 확신한다.

영웅적인 삶을 살았던 크리스토퍼 리브의 이야기로 마무리하고자 한다. 리브는 "영웅은 압도적인 장애물에도 인내하고 견딜 수 있는 힘을 찾는 평범한 개인"이다. 리브가 힘들게 투쟁하며 걸었던 자존감을 위한 여정은 우리의 정체성에 대한 앎을 지속적으로 쌓고, 자신의 가치를 인정할 수 있게 도와줬다. 크리스토퍼 리브여, 편히 잠드소서.

멘토에게도 멘토가 있다

왜 그렇게 많은 사람이 도움을 요청하는 게 자신의 약점을 드러내는 행위라고 느끼는지 당혹스럽다. 연약한 사람으로 간주되는 것을 원하지 않아서일까? 아니면 너무나 자랑스러운 자존심에 상처가 날까 두려워서일까? 아니면 자신에 대한 완벽한(가짜) 이미지를 유지하고 싶어서일까? 혹은 어려움을 긍정적으로 잘 극복해야 한다는 식의 사회적 압박 때문일까?

모두가 힘겹게 살아간다. 누구나 길을 잃었다고 느낀다. 도움을 받고 생존하기 위해 서로 의지한다. 우리는 한 종으로서 상호 의존과 상호작용을 통해 번창한다. 살아남고 진화하기 위해 우리는 항상 서로를 돕는다. 그렇다면 도움이 필요해서 도움을 요청하면 '막후에서 하고 있는 일'이 어떻게 달라질까?

나는 아내가 내가 하고 싶어 하는 모든 일을 직감으로 알아주기를 기대하곤 했다. 마치 그녀가 내 마음을 읽을 수 있는 것처럼 말이다. 직접 말하면 거절당할까 두렵기도 했고, 아내가 그만큼 나를 생각해주기를 기대했던 것 같다. 어쨌든 도움을 요청하지 않고, 그녀가 내 마음을 읽고 내 모든 욕망을 충족시켜 줄 수 있기를 바랐다. 하지만 그녀에겐 뛰어난 텔레파시 능력이 없었다(아내에게 굳이 이런 얘기까지 하지는 않겠지만, 그녀는 정말 텔레파시 기술을 연마할 필요가 있다!).

도움을 요청하면 실제로 혜택을 누릴 수 있다. 명확하고, 명백하고, 실질적인 혜택들이다. 그러니 특히 도움이 필요할 때 더 많은 도움을 요청하도록 훈련하라. 혼자 끙끙 앓지 마라. 누군가 당신을 도와줄 수 있다. 사람들은 당신을 도와주길 원한다. 그러니 명심하라.

- 도움을 요청하지 않으면, 사람들은 당신에게 도움이 필요한지 몰라서 당신을 도와줄 수 없다.
- 도움을 요청하는 일은 문제를 더 빠르고 쉽게 해결할 수 있는 방법이다.

- 대개는 다른 사람을 도와주는 걸 좋아하기 때문에 당신이 도움을 요청하는 건 그들에게 선물을 주는 격이다.
- 당신에겐 새로운 의견이 필요하다. 당신이 자초한 문제를 해결하기 위해서 다른 사람의 의견이 필요할 수 있다.
- 도움을 요청하면 살아가는 데 필요한 훌륭한 두 가지 기술인 '겸손'과 '학습 욕구'를 키울 수 있다.
- 도움을 요청하는 데 애를 먹는 다른 사람들에게도 도움을 요청할 수 있는 동기를 불어넣어 줄 것이다.

나는 가장 똑똑한 사람들은 도움을 요청할 필요가 없다고 생각하곤 했다. 완전히 틀린 생각이었다. **가장 똑똑한 사람들이 도움을 요청한다. 멘토들은 멘토링만 하는 것이 아니다. 그들은 또 다른 멘토의 도움을 요청하기도 한다.** 그것은 약점이 아니라 강점이다. 강해져라. 정말 힘들 때는 도움을 구하라.

상황이 정말 안 좋으면 전문가의 도움을 구하라. 병원에 가는 걸 싫어해도, 전문가만 고칠 수 있는 병이 있다면 병원에 간다고 해서 약한 사람으로 낙인찍히는 건 아니다. 이런 자세는 신체적 건강만큼이나 정신적 건강에도 중요하다. 구글에서 '우울증 극복에 도움이 되는 법'이나 '자살하고 싶은 생각에서 벗어나게 돕는 법'을 검색만 해봐도, 즉시 당신을 도와줄 수 있는 많은 훌륭한 단체를 찾을 수 있다.

상황이 나쁘지만 그렇게 심하지는 않다면 내게 손을 내밀어라. 내 소셜미디어 플랫폼에 메시지를 보내라(구글에서 '롭 무어'나 '롭 무어 프로그레시브'를 검색하면 된다). 최선을 다해 도와줄 것이다. 우울증 문제를 다룬 내 팟캐스트 콘텐츠나 유튜브 영상 (대부분은 기업가를 염두에 둔 것이다) 모두 좋은 반응을 얻었다. 그것을 시청하고 도움의 손길이 필요한 다른 사람들과 공유하라. 당신은 혼자가 아니다. 절대 그 사실을 잊지 마라.

도움을 청하라.

확신

균형의 역설

당신은 내가 단점이라고 생각되는 모든 면에는 장점이 있고, 장점이라고 생각되는 모든 면에는 단점이 있다고 믿는 이유가 뭔지 이해했을 것이다. 나는 **존재하는 모든 것에는 이처럼 '균형의 역설'이 존재한다고 믿는다.** 이러한 역설이 모순으로 여겨질 수 있는데, 특히 기대와 관련해서는 분명 더 그러하다.

기대의 역설을 잘 보여주는 유명한 인용구가 있다.

"달을 향해 나아가라. 길을 잃을지라도 별들 사이에 있게 될 것이다." ─ 노먼 빈센트 필Norman Vincent Peale(미국 작가)

"21세 때 모든 기대감이 사라졌다. 이후 모든 삶이 보너스처럼 느껴졌다." ― 스티븐 호킹(영국의 물리학자)

어떤 쪽이 맞는지 생각해보라. 하나는 설사 이루지 못하더라도 여전히 성공을 향해 순항하는 것처럼 느끼도록 거대한 목표를 정해놓고 기대해야 한다는 시각이다. 다른 하나는 실망하거나 동기를 잃지 않기 위해서 기대를 관리하고 줄여야 한다는 관점이다.

당신에게 일어나는 모든 일을 영적이고 행복해질 수 있는 방법으로 받아들여야 할까? 아니면 당신이 원하는 것을 얻기 위해 애쓰고 노력하고 매진하지만, '부정적인' 대답을 얻기 싫어서 그것이 실제로 어떻게 되었는지를 받아들이지 않아야 할까?

기대에 관한 한, 가장 강력하면서 일관적이며 영속적인 결과는 역설적인 극단들 사이의 균형에서 나온다.

- 있는 그대로를 받아들이되, 더 많은 것을 얻으려 노력하라.
- (큰) 목표를 정하되 목표 달성을 위한 여정도 즐겨라.
- 일이 힘들어도 감사하라.
- 아무것도 기대하지 않더라도 모든 것을 위해 노력하라.
- 일이 되게 애쓰고 일이 되게 내버려 둬라.

- 돈에 집중하되 배금주의에 빠지지는 마라.
- 표면적으로 조용한 가운데 내적으로 부단히 움직이라.
- 신뢰하되 검증하라.
- 더 많은 것을 이루기 위해 노력하되 이뤄낸 걸 축하하라.
- 크게 생각하고 작게 시작하라.
- 신중하되, 할 일이 분명해지면 꼬고 있던 다리를 풀고 달려들어 끝내버려라.

미디어는 당신이 균형 잡힌 기대와 시각을 유지하는 데 오히려 방해가 된다. 주로 극단적이고, 일방적이며, 논란이 많은 콘텐츠가 주요 뉴스에 선정되며 관심을 끌어서다. 이러한 미디어 채널과 클릭베이트clickbait(인터넷에서 자극적인 제목이나 이미지로 콘텐츠의 클릭을 유도하는 행위)에 현혹되지 않도록 주의하라.

서로 끌어당기는 양극화된 힘이 균형을 이룰 때 지혜와 지속성이 생긴다. 모든 것을 기대하되 아무것도 바라지 마라. 애쓰면서도 놓는 법을 배워라. 요구하고 받아들여라. 가능하다면 모두 동시에 그렇게 하라.

사실 균형 자체가 역설적이다. **균형을 잡을 수 없다는 것을 알면서도 균형을 잡기 위해 노력하라.** 균형 그 자체는 시소처럼 완벽한 평형상태에 있는 경우가 드물다. 시소 위에 아무도 앉아 있지 않을 때도 한쪽은 위로, 다른 한쪽은 아래로 가 있다. 두 사람이 시소 위에 앉을 때도 물론 한쪽은 올라가고 다른 쪽은 내려간다. 시소는 한 극단에서 다른 극단을 오가며 부단히 움직인다.

인생의 많은 일도 좋아하면서도 싫어하고, 압도되었다가도 지루해진다. 좌절했다가도 의욕이 생긴다. 이런저런 일들이 서로 씨름하면서 질서와 혼돈 사이를 계속 오가는 긴장감을 만들어낸다. 질서를 원한다는 것을 인식할 때조차도 혼돈이 필요하고, 그 반대의 경우도 마찬가지다. 투쟁은 성공을 결정한다.

당신은 무엇을 위해 투쟁할 의사가 있는가? 어떤 고통을 기꺼이 받아들이겠는가? 일방주의의 환상을 버리고, 기대의 역설과 함께 춤을 춰라. **아무것도 기대하지 마라. 하지만 무엇이건 요구하라. 과정을 즐기면서도 목표에 집중하라. 지금 당신의 모든 것이 가치가 있다는 것을 알면서도 점점 더 나아지기 위해 노력하라. 있는 그대로의 당신 모습을 사랑하면서도 당신이 되고 싶은 사람을 항상 꿈꿔라.**

모든 감정의 해독제

감사와 원망을 동시에 느끼기 어려운 만큼이나 사랑과 미움도 동시에 느낄 수 없다고 말하고 싶지만, 당신이 결혼했거나 아이가 있다면 다르게 느낄지도 모르겠다.

모든 고통의 해독제는 사랑과 감사다. 그것은 인간의 가장 순수한 감정이다. 심리학 박사 존 디마티니$^{John\ Demartini}$는 "감사와 사랑만이 순수하고 초월적인 인간의 감정"이라고 말했다. 아직도 이 말의 진정한 의미를 전부 깨닫지는 못했지만, 아무리 큰 문제와 고통을 겪는다고 할지라도 감사와 사랑을 느끼면 그것들이 즉시 사라진다는 것은 안다. 그럴 때 당신은 부족한 것에서 가진 것으로, 그리고 저주에서 선물로 관점을 바꾼다. 축복받은 일에 감사하면 두려움과 실패는 자연스럽게 치유된다.

부모가 소위 '멘붕'을 겪을 때마다 자신의 아이들을 다른 가정으로 입양시키려고 하지 않는 이유는 그들이 여러 가지 말썽을 일으켜도 그들을 너무도 사랑하기 때문이다. 당신은 아이들이 자신의 감정을 관리하는 방법을 배우고 있다는 것을 잘 알고 있기에 그들이 작은 인간이자 아름다운 존재라는 것을 안다.

살면서 만나는 다른 사람들과 도전적인 상황에도 부모의 무한한 사랑과 같은 태도를 취할 수 있다면, 불안, 스트레스, 분노, 증오처럼 자존감을 손상시키는 모든 감정을 초월할 수 있을 것이다.

사랑하고 감사하는 마음이 있으면 당신이나 다른 누구나 모두 있는 그대로 충분하다. **모든 것이 당신이 바라는 대로가 아니라 본래 있어야 하는 대로 있으면 된다.**

사랑과 감사는 우리를 하나로 연결해준다. '사랑과 행복을 일으키는 호르몬'으로 알려진 옥시토신은 감사와 고마움을 표시하는 행동에 의해 생긴다. 이런 행동은 신뢰, 관대함, 애정과 같은 친사회적 행동을 촉발한다.

행복을 '인정'하고, 감사를 '실천'하고 '표시'하기 위해서는 행동에 나서야 한다. 당신은 사랑과 감사를 행동으로 실천하고, 그것을 느낄 수 있는 능력과 기술을 발전시킨 것에 대한 보상으로 사랑과 감사를 더 자주 받게 된다.

물론 그렇게 하기가 항상 쉽지만은 않을 것이다. 주위 환경에 대한 반응을 통제할 수 있다고 느끼려고 할 때 정말 힘든 일이 일어나기도 한다. 아니면 예상치 못한 충격적인 어떤 일을 겪기도 한다. 아니면 정말로 잊혀지지 않는 한 가지 일이 거머리처럼 따라다녀서 떨쳐버리지 못하기도 한다. 하지만 이런 도전과 고난의 순간에야 당신은 '진정으로' 사랑과 감사를 실천하게 된다. 인생이 만만할 때야 누구나 쉽게 실천할 수 있기 때문이다.

당신이 다른 사람들이 처한 상황을 이해하고 공감하려고 한다면 그들의 관점에서 세상을 보려고 노력하라. 일이 순조롭게 진행되었을 때 너무 빨리 다른 일로 넘어가거나 과분한 행운으로 치부하지 말고 감사하라. 일이 뜻대로 되지 않았을 때도 감사를 실천하라. 어떤 상황에서나 감사할 수 있도록 훈련해두기 바란다.

- 불행 중 다행인 일이 있으면 감사하라.
- 상황이 악화되지 않았음에(항상 그렇게 믿어라) 감사하라.
- 성장한 것에 감사하라.

- 현재 상황을 감당할 만큼 충분히 대단해졌고 준비가 되었음에 감사하라.
- 때가 더 나쁠 수 있었음에 감사하라.
- 사람들이 문제를 해결하도록 도울 수 있었음에 감사하라.
- 난관을 계기로 당신이 더 돈독한 관계를 맺을 수 있는 멘토를 알게 되었음에 감사하라.

사랑과 감사는 자존감을 낮추는 모든 감정을 고치는 해독제다. 당신 안에는 힘이 있고, 당신 손에는 해독제가 들려 있으니 그냥 그것을 사용하면 된다. 매일 감사를 실천하라. 나는 10년 넘게 매일 밤 잠자리에 들기 전에 감사하고 싶은 일을 모두 적어보며 감사하는 연습을 해왔다. 감사할 때는 자신이 무가치하다는 느낌을 받을 수 없다. 감사는 자신의 가치를 인정하는 아주 좋은 방법이다. 항상 당신이 감사해야 할 일들(사소한 것을 포함하여)을 놓치지 않도록 노력하라. 더 많이 감사할수록 더 많은 감사를 느끼는 법이다.

또한 가능한 한 많이 "감사합니다"라고 말하는 것도 좋다. 당신은 다른 사람들에게 감사할 만한 일을 얻게 된다. 감사의 에너지를 쏟아붓고, 그것이 당신에게 많은 가치로 흘러오게 하라.

감사는 더 많은 사랑으로 이어진다. 그 사랑은 물론, 푹 빠졌거나 몹시 감상적인 감각이 아닌 중심이 잡힌 침착한 감각으로 하는 사랑이다. 사랑은 확실성, 존재감, 영감, 목적, 힘, 생명력, 명료성, 자유를 생성한다. 그러면 더 많은 감사로 이어지면서 모든 자존감과 관련된 문제들을 즉시 초월할 수 있다.

당신 자신을 사랑하는 연습도 빼먹지 마라.

PART 6

부와 성공이 찾아오는 사람의 내공

· 제6원칙 ·

머니 콤플렉스를 이기고
소득 잠재력을 발휘하라

당신의 가치가
당신의 재산이다

자신을 소중히 여길수록 세상은 당신을 더 소중히 여긴다. 자신에게 더 많이 투자할수록 세상은 당신에게 더 많이 투자한다.

당신이 가치 있는 사람이라고 느낀다면 당신은 부자다. 대인 관계, 봉사, 취미, 학습, 자녀 등 당신이 가장 높은 가치를 두고 집중해 온 모든 것이 당신의 재산이다. 만일 당신이 아직 경제적으로 부유하지 않다면 그건 재산을 어떻게 현금으로 바꿀지 배우지 못했거나 그런 방법을 접해보지 않았기 때문이다. 이를 해낸 사람은 전 세계에 수백만 명이 있다. 이 중에는 쇼콜라티에, 동물 조련사, 레고 조립가, 다트 플레이어처럼 특이하고 멋진 틈새 분야를 골라 재산을 불린 사람도 있다. 그들이 할 수 있다면 당신도 할 수 있다.

고백하자면, 나도 어떻게 그렇게 할 수 있는지 몰랐던 시절이 있다. 어렸을 때부터 아버지는 내가 돈을 벌게 하셨다. 아침 일찍 일어나는 고통을 꾹 참고 아버지가 일하는 술집에 나가면 일주일에 1파운드씩 주시곤 했다. 가끔은 더 많은 돈을 주며 잔심부름을 맡기곤 하셨고, 공부를 하거나 열심히 일할 때도 돈으로 보상해 주시곤 했다.

좀 더 크면서는 쉽게 돈을 벌 수 있는 방법을 찾았다. 일하지 않더라도 아버지께 돈을 달라고 하면 되었다. 물론 아버지는 내게 그냥 돈을 주려고 했다기보다는 내게 돈벌이의 가치를 가르쳐 주시려고 정말 애쓰셨다. 항상 말씀하셨듯 겨우 입에 풀칠이나 하면서 살 수 있는 환경에서도 아버지는 나를 교육하시느라 정말로 고생하셨다. 그래서 그런지 아버지는 가끔 내게 돈을 꾸어주시기도 했고, 부탁하면 순순히 돈을 내주시곤 했다.

쉽게 돈을 벌 수 있는 지름길이 있다는 것을 알게 된 니는 돈을 벌기 위해 애써 일하기보다 지름길에 더 많이 의존했다. 아버지는 무턱대고 돈을 달라고 하는 내 모습에 크게 실망하셨다. 나 역시 대가 없이 돈을 달라고 하는 데 종종 죄책감을 느끼긴 했지만, 그래도 여전히 돈을 벌기 위해 힘든 일을 하고 싶지는 않았다. 이런 일이 반복되자 아버지는 내가 돈을 달라고 하면 화를 내셨고, 나는 돈을 달라고 말하는 일에 알게 모르게 거북함이 생겼다. 결국 아버지가 뒷주머니에서 돈을 꺼내 바닥에 내던지시는 지경까지 이르렀다. 그때마다 아버지가 "여기 있다. 가져가라" 하고 소리치시면, 나는 죄인이 된 듯한 기분으로 바닥에 떨어진 돈을 집어 들곤 했다.

이런 경험을 좀 더 깊이 들여다보면 무의식이 크게 영향을 미치고 있었음을 알 수 있다. **아버지는 과거부터 가졌던 감정, 즉 돈과 관련해 받았던 대우와 그때 느낀 부정적인 감정을 당시 나와의 상황에 끌어들이고 있을 뿐이었다.** 실제로 아버지는 특히 아주 바쁘거나 곤란한 일로 스트레스를 받았을 때마다 그런 감정을 주위에 쏟아내시곤 했다.

한편 **나는 그런 상황에서 돈을 매개로 죄책감이나 두려움, 수치심 등을 경험했다.** 감정이 강렬해지면 뇌는 물리·화학적 흔적인 기억을 만든다. 그것은 습관을 만드는 고정된 신경망 역할을 한다. 습관은 단순히 반복적으로 느껴져 자동화된 감정의 패턴에 불과하다. 그래서 내가 어른이 되어 다른 사람들에게 돈을 요구할 때도 매번 같은 감정을 느꼈다. 물론 거기에는 현재의 현실이 아니라, 과거의 현실이 현재의 순간에 영향을 미치며 작동하고 있었다. 심지어는 돈을 요구하는 상상만 해도 이런 감정들이 생겨나곤 했다.

짐작했겠지만, 나는 점점 돈을 금기시하게 되었다. 다른 사람에게 돈을 요구하는 일 자체를 완전히 끊을 정도였다. 성인이 되어서 그림을 그리고 예술 작품을 만들었는데도, 내 작품을 화랑에 가져가서 팔려고 하지 않았다. 강력한 부정적 감정에서 자신을 보호하기 위해 할 수 있는 모든 노력을 다했다. 열심히 일한 대가로 받는 공정한 보상까지 포함해서 누군가에게 돈을 요구해야 하는 어떤 상황도 만들지 않으려고 애썼다.

설상가상으로 나는 내 모든 시간과 노력을 비생산적인 분야에 투자했다. 더 많은 돈을 벌기 위해서는 돈 때문에 생기는 부정적 감정에 맞서야 한다는 현실을 외면한 채 그저 상황이 더 나아질 것이라고 자신을 설득하곤 했다. 그림들이 팔리지 않으면 더 많이 그렸다. 모든 게 괜찮아질 거라고 생각했지만 그건 뻔한 거짓말이었다. 나는 20여 년 전에 일어났던 어떤 일이 나의 미래 전체를 위태롭게 만들도록 내버려 두고 있었다. 아이러니하게도, 현재 일어난 어떤 사건도 내 어린 시절 경험과는 동떨어져 있지 않다고 하지만, 나는 과거의 감정을 현재의 사건에 가져옴으로써 그때의 고통을 현재의 것으로 바꿔놓고 있었다.

돈에 대해 부정적인(혹은 긍정적인) 감정이 심한 사람이라면 누구나 나름대로 이와 비슷한 경험을 해봤을 것이다. **당신이 과거에 돈에 관해서 힘들거나 부정적인 경험을 했던 기억을 떠올려보라. 그**

것은 당신의 부모가 당신에게 물려준 돈에 관한 이상과 믿음일 수 있다. 가족이 없었거나 혹은 너무 많아서 당한 거절이나 조롱의 감정일 수도 있다. 혹은 이런저런 이유로 싫어했던 부유한 누군가에 대한 당신의 반응일 수도 있다.

인생을 돌아보는 것만으로 돈에 대한 모든 거부감과 저항감이 생긴 일련의 사건들을 되돌아볼 수 있다. 이는 일종의 '머니 콤플렉스'가 되어 당신의 무한한 소득 잠재력을 발휘하지 못하게 막는다. 하지만 돈에 관한 믿음은 실재하는 어떤 게 아니라 현실로 '여겨지는' 인식에 불과하므로, 그 의미를 새롭게 바꿀 수 있다.

대표적인
머니 콤플렉스 10가지

계층을 막론하고 사람들이 가장 흔하게 겪는 돈과 관련된 몇 가지 콤플렉스를 살펴보자. 이를 자신이나 타인에게서 이미 목격했을지도 모른다. 중요한 것은 이 콤플렉스 중 무엇도 진짜가 아니며, 단지 부정적인 감정과 행동을 낳게 한, 과거의 불행했던 경험에서 비롯된 것임을 명심하라.

1. 돈을 벌지 못할까 봐 기존 관계나 의존 상태에 머무른다.

자기 주도적으로 돈을 벌 수 없는 구조일지라도, 기존에 해오던 관계에 안주하거나 갇히는 경우가 많다. 동업이나 제휴하는 파트너가 없으면 돈을 벌 수 없다는 믿음이 점점 더 강해져 끝내 꼼짝 못 하게 된다.

동업이나 제휴하는 어떤 관계에서건 당연히 책임감을 발휘해 각자 과제를 완수해야 하지만, 자립적인 자금관리 기술이나 소득의 출처를 개발하고, 불확실한 미래를 위한 대비책을 발전시키려는 의지를 기르는 노력이 필요하다.

동업이나 제휴가 잘못되었음을 깨달았지만, 다른 해결책이 보이지 않는다고 해서 영원히 거기에 갇혀 있어서는 안 된다. **돈은 풍부하고 거의 무한한 자원이며, 당신이 자신의 진가를 알고, 돈을 관리하고 정복하는 방법을 배운다면 무한한 '소득 잠재력'을 갖게 된다는 걸 알아라.**

2. 미래에 충분한 돈을 벌지 못할까 봐 두려워서 돈을 쓰지 않는다.

돈을 모으고, 아끼고, 쟁여두는 사람들은 늘 돈이 부족할지 모른다는 생각에 사로잡혀 있다. 그들은 과거 돈이 없어서 고통스러웠던 적이 있거나 돈이 없는 환경에서 자랐을 수도 있다. 돈을 아끼고 관리하는 것도 중요하지만, 그랬다가는 당신에게 돈을 주고 싶어 하는 사람이 사라질 정도의 피해망상 또는 인색한 행동으로 이어질 수 있다. 세상은 주는 사람에게 더 많은 것을 주게 되어 있으며, 돈은 온전히 기능하기 위해서 흘러야 한다. 돈을 쓰는 데 지나치게 신중하거나 거부감을 보일 경우 돈이 사실상 무한한 자원이라고 할지라도 지금 가진 돈이 전부일 뿐이고 앞으로 더 많은 돈을 벌지 못할 것이라는 두려움을 조장할 수 있다.

때로는 돈을 불리기 위해 투자해야 하고, 더 많은 돈을 끌어들이기 위해 좀 더 많은 돈을 써야 한다. 또한 받기 위해 줘야 한다.

3. 돈에 대한 기준이 낮다.

자존감이 낮으면 단순한 일을 하거나, 자신이 가진 기술이나 경험에 맞지 않는 급여를 받거나, 사업에서 이윤을 얻지 못한다. 심지어 자신이 손해를 볼 정도로 무료나 헐값으로 다른 사람이나 회사를 위해 일하는 등 돈에 관해 낮은 기준을 받아들일 수도 있다. 돈의 가치를 낮게 보는 다른 사람들 주변을 맴돌다가는 낮은 기준이 더욱 굳어져버릴 수도 있다.

이 경우 가치가 낮은 일을 처리하느라 바빠서 가치가 더 높은 일자리 혹은 급여나 보수를 차단하고 있을 수 있다. 그런데도 앞으로 할 일이 없을 것이라거나 돈을 벌 좋은 기회를 놓칠 거라거나 가진 돈이 몽땅 떨어질 거라는 두려움에 시달릴 수 있다. 열등의식이 강한 사람일수록 이런 생각을 강하게 갖게 된다. 결국 가치가 낮은 일을 주로 하는 사람이라는 평판을 얻게 되고 더 많은 돈을 끌어올 기회를 잡지 못한다. 돈의 가치를 높게 평가하고, 자신이 최고로 많은 정도까지는 아니더라도 어쨌든 **지금보다 더 많은 돈을 벌 자격이 있는 사람**이라고 느끼면 당신의 자존감을 떨어뜨리거나 기준을 낮추는 것들을 스스로 용납하지도 않고, 그런 사람으로 간주되지도 않는다.

4. 돈에 대해 극단적인 감정과 중독에 빠진다.

자신이 가장 가치 있게 여기는 곳에 돈을 쓰는 일은 자연스럽다. 대개는 자신이 공허함을 느끼는 영역에서 지출을 한다. 예를 들어, 건강과 웰빙이 가장 가치가 높은 사람이라면 자신에게 건강과 웰빙이 부족하다고 느낄 확률이 큰데, 어떤 사람들은 큰돈을 빌리면서까지 거기에 지출을 늘리기도 한다.

도박꾼이나 알코올 중독자에게 더 많은 돈을 주면 그들이 그 돈으로 무엇을 할지 생각해보라. 반대로 독지가에게 더 많은 돈을 준다면 그 돈으로 무엇을 할지 생각해보라.

쇼핑을 하면서 기분전환을 하는 신나는 경험을 하면서 만족을 얻든 사람들은 종종 고통을 완화하려고 소비한다. 물론 사고나 감정의 균형이 잘 잡혀 있고, 예산 범위 안에서 지출이 이루어진다면 괜찮지만, 절제력을 발휘하기는 쉽지 않다.

누구나 극단적인 감정과 중독에 빠질 수 있고, 감당할 수 없을 정도로 큰돈을 쓰기도 한다. 하지만 **감정과 중독성을 통제해야 돈도**

통제할 수 있다.

5. 돈에 대해 두려움과 부담감을 크게 느낀다.

빌리거나, 선물로 받거나, 상속받은 돈을 관리하는 데 큰 두려움과 부담감을 느낄 수 있다. 이 경우 자신에게 돈을 관리할 능력이 없다고 생각하게 하는데, 심하게는 돈을 모두 잃을지 모른다는 피해망상으로 이어질 수 있다. 그들은 기부자가 돼야 한다는 생각에 집착하고, 관련해 사람들의 기대에 부응하며 살아야 한다거나, 돈을 현명하게 사용해야 한다는 강박에 시달릴 수도 있다. 이런 압박감은 스트레스와 불안으로 바뀌면서 돈으로 아무것도 하지 못하게 되거나, 심지어는 꼼꼼히 따지지 않고 다른 사람들에게 돈 관리를 맡기는 등 나쁜 판단을 유발할 수 있다.

이러한 부담감의 반대쪽 극단에서는 대출을 받고, 주택들을 재차 저당잡히고, 돈도 없이 합작투자 사업에 뛰어들고, 경솔하게 의사결정을 하고, 절차와 원칙을 무시하고, 충분히 진지하게 책임을 받아들이지 않기도 한다.

이런 대조적인 문제 행동에 대한 해결책은 간단하다. **빌리거나 선물로 받거나 상속받은 그 돈을 마치 자신이 버는 것처럼 행동하고 처신하면 된다. 돈을 최대한 존중하고, 돈을 관리하고 통제하는 법을 배워라.**

6. 다른 사람들에게 사랑과 관심을 받기 위해 돈을 쓴다.

누구나 호감을 얻고 사랑받기를 원한다. 관계에서 느끼는 공허함을 채우기 위해 돈을 쓰는 것은 꽤 흔한 일이다. 이런 행동에 공감할 경우 당신이 할 수 있는 최선의 행동은 많은 돈을 쓰지 않아도 사랑을 얻을 수 있는 다른 방법을 찾는 것이다. 가장 간단한 방법은 **당신이 사랑하고, 지금 그대로의 당신의 진가를 인정해주는 사람들과 시간을 같이 보내는 것이다.**

또한 사람들의 사랑을 얻기 위해 친절하게 굴고, 도움과 지원을 제공하고, 그 외 훨씬 더 가치가 있는 다른 비물질적인 행동을 해줄 수도 있다. 사랑받고 싶어 하는 욕구에는 아무 문제도 없다. 다만, 사랑을 얻기 위해서 돈을 써서는 안 된다. 그런 행동이 때때로 사람들을 통제하기 위한 '위장막'이 될 수 있고, 중독적이고 조작적으로 변할 수 있다.

7. 당신의 돈이 더 많아지면 다른 사람들의 돈은 더 줄어든다고 믿는다.

내가 소셜미디어에 돈에 대한 글을 써서 올릴 때 댓글을 보면 부자들이 가난한 사람들을 착취하고, 엄청난 돈을 가진 사람들이 다른 사람들에게서 돈을 빼앗고 있다고 지적하는 사람들이 심심치 않게 등장한다.

그러나 이것은 돈에 관한 진실이 아니다. 돈은 그것을 가장 소중히 여기지 않는 사람에게서 가장 소중히 여기는 사람에게로 흘러가는 경향이 있다. 불안정한 감정에 휘둘리며 돈 관리를 형편없이 하여(그들의 잘못만은 아니다) 가진 돈을 탕진하는 (선진국의) 빈곤층은 어쩔 수 없이 기업에 돈을 넘겨주는 게 아니다. 그들 스스로 선택한 결과일 뿐이다. 소비자들은 생산자에게 자신들의 돈을 넘겨준다.

게다가 부자들이 불우한 사람들에게서 돈을 착취하고 있다는 생각은 돈이 한 번밖에 흐르지 않는다는 가정에서 나온다. 즉 한 번 쓰면 결코 돈을 다시 벌 수 없다는 관점인데, 당연히 그건 사실이 아니다. 빈털터리도 돈을 잘 벌 수 있고, 더 잘 쓰기도 한다.

돈은 그것을 관리하고 통제하는 방법을 알고, 돈을 벌려고 가치를 창조하고, 생산하고, 제공하는 사람들에게 돌아가는 게 현실임을 명심하라.

8. 돈을 잘 요구하거나 받지 못한다.

이상하게 들릴지 모르지만, 많은 사람이 돈을 잘 받지 못한다. 그들은 지독할 정도로 독립적이고, 모든 걸 직접 통제해야 하고 어떤 도움도 받으면 안 될 것처럼 생각한다. 돈을 받는 것 자체를 자신의 약점으로 간주하기도 한다. 심지어는 다른 사람들에게서 선물, 대출, 급여, 수수료의 형태로 돈을 받는 것에 죄책감을 느끼기도 한다.

그런가 하면 많은 사람이 요금을 청구해야 하는 서비스를 무료로 제공한다. 또는 더 낮은 급여를 받고 일한다. 자신이 하는 일이 가치 있다고 느끼지 못하거나 가치 없는 일을 하는 사람으로 낙인 찍힐 수 있다고 느끼기 때문이다.

당신이 돈을 잘 요구하거나 받지 못하면 다른 사람들에게 당신을 도울 기회(그들에게는 이 기회가 선물이다)를 거부하는 것이 된다. 끊임없이 흘러가는 돈의 본질을 부정하는 것이다. **돈을 받는 것을 고마워하는 사람일수록 더 많은 돈을 받게 될 것이다.**

9. 돈을 갖거나 받을 자격이 안 된다고 생각한다.

종종 돈을 받을 자격이 없는 사람이란 생각은 가진 모든 돈을 기부하려는 욕구와 연결된다. 이런 욕구는 다른 사람들만을 위한 지출, 감정적이거나 중독적인 지출의 형태를 띨 수 있다.

많은 감정이 이런 욕구를 일으키는 원동력이 될 수 있다. 당신이 자신에게 가치가 있거나 돈을 받을 자격이 있다고 느끼지 않을 때는 돈을 갖는 데 죄책감을 느낄 수 있다. 열심히 일하지 않고서도 돈을 벌었다면, 당신의 가치관과 상충될 수 있다. 당신은 비판의 대상이 될 수 있다거나, 돈이 당신을 다른 사람으로 만들 수 있다거나, 자신이 다른 사람들에게서 돈을 박탈하고 있다고 생각할 수도 있다. 전 세계에 걸쳐 그토록 많은 사람에게 돈이 부족한 상황에서 당신에겐 과도한 돈을 가질 권리가 없다고 느낄 수 있다. 혹은 당신이 과거에 저지른 잘못과 감정에 휘말린 사건들에 대해 당신을 용서해주지 않았을 수 있다. 이런 여러 이유로 돈을 무작정 기부해버리는 일은 당신에겐 일종의 치유 과정처럼 생각될 수 있다.

이러한 두려움, 의심, 부정적인 감정을 극복하는 데 도움이 되도록 인식과 행동을 바꿔라. **더 많은 돈을 가졌을 때 당신이 자신과 가족, 더 넓게는 세상을 위해 할 수 있는 모든 위대한 일들을 상상해보라.** 세상에 더 많은 선이 존재해야 한다고 믿는다면, 선한 일을 더 많이 하기 위해 가진 돈을 써라. 돈을 잘 붙잡고 관리하는 법을 배워라. 그래야 그렇게 배운 걸 다른 사람들에게 선물로 줄 수 있다.

10. 돈을 '과잉 통제'한다.

돈에 관한 상황을 지나치게 통제해야 한다고 느끼는 경우가 있다. 이것은 종종 실패에 대한 두려움, 완벽에 대한 강박, 또는 과거에 실패했던 경험이 주는 좌절감에서 비롯된다. 문제는, 당신에게는 모든 상황을 주관하고 변수에 대응할 수 있는 충분한 시간이나 자원이 없다는 것이다.

재산을 키우기 위해서는 다른 주체들과 상호 협력해야 한다. 당신의 고용주, 동료, 직원, 팔로워, 고객, 지역사회 등이 그 예다. 돈은 사람들을 통해 사람들에게로 흘러간다. 그래서 **돈을 엄격하게 통제하기보다는 돈이 성장하게 내버려 둬야 한다.**

다른 사람들이 당신을 대신해 실제적인 업무와 책임을 떠맡게 하고, 당신은 돈을 나눠라. 더 적은 시간에 더 많은 작업을 수행할 수 있도록 그들의 시간을 활용하라. 대신 상대적으로 더 많은 가치를 창출하는 제휴와 벤처 사업에 참여하라. 이 과정에 참여하는 모두와 훌륭한 관계를 맺으면 당신에게 들어오는 돈의 통로에서 생기는 마찰이 줄어들 것이다.

이렇게까지 알려주었는데도, 못하겠다고 생각되면 그냥 다 나에게 보내라. 당신의 기분이 나아지도록 당신이 내게 주고 싶어 하는 그 돈 전부를 고맙고 정중하게 받겠다!

부의 창출 공식

누구나 돈과 관련된 교육을 받고, 지식을 쌓으며, 관리 방법을 숙지해야 한다. 대개는 돈을 관리하면서 맞닥뜨리는 감정 문제나 결정 사항을 어떻게 처리해야 할지 모를 때 일이 잘못된다. 나는 사람들이 돈이나 부에 관해 더 잘 이해하도록 거의 20년 동안 돈과 부자들을 연구했다. 그 결과 내 재정 상태를 180도로 바꿔놓은 획기적 경험을 바탕으로 '부의 창출 공식'을 완성했다.

부 Wealth =

(가치 Value + 공정한 교환 Fair Exchange) × 레버리지 Leverage

확신

즉, W = (V + FE) × L 이다.

지금부터는 부의 창출 공식의 원리를 설명하고, 각 요소인 가치와 공정한 교환, 레버리지를 별도로 상세히 다뤄보겠다(이 주제를 중점적으로 다뤘던 전작 『머니』에 나왔던 내용을 여기서 단순히 반복하려는 것이 아니다. 오히려 좀 더 구체적이고 실질적인 내용으로 발전시키고자 한다).

부자들은 돈을 연구하고, 경험하면서 이 법칙을 이해하고 활용하게 되었다. 빈자들은 이러한 법칙을 아예 알지 못하거나 심지어 이 법칙의 희생양이 된다. 이런 현실에 관해 도덕적 판단을 내리려는 것은 아니다.

돈은 그것을 가장 낮게 평가하는 사람들로부터 그것을 가장 높게 평가하는 사람들로 움직이는 경향이 있다. 따라서 부는 항상 부의 창출 공식을 아는 사람들에게로 이동한다. 부의 창출 공식은 내가 20년 가까이 조사한 결과를 토대로 개발했다. 따라서 이 부의 법칙은 오랜 시간을 통해 검증되면서 다양한 경기 상황에 적용될 수 있음이 확인되었다.

다소 복잡해 보일 수도 있지만 사실은 꽤 간단하다. 당신도 부의 창출 공식을 다른 사람들만큼 많이 활용할 수 있다. 이제 공식의 각 부분을 살펴보자.

가치

가치는 다른 사람들에게 제공하는 서비스다. 당신이 다른 이들의 문제를 해결해주고, 관심과 성의를 보인다면 사람들은 대가를 지불할 만한 가치와 혜택을 받았다고 여기며 당신을 더욱 필요로 하고, 다른 사람들에게 소개해줄 것이다. 그러면 연쇄적으로 에너지가 전달된다. 사람들은 그들의 문제가 해결되고, 고통이 완화되고, 일이나 사업 등이 더 빠르고, 쉽고, 좋게 풀리기를 바란다. 시간은 한정된 자원이자 귀중한 재화이기 때문에 시간을 활용하거나 보존하는 것은 무엇이든 현금으로 전환할 수 있는 높은 가치를 지니게 될 것이다.

당신이 재정적으로나 감정적으로 어려움을 겪고 있다면, 어떻게 다른 사람들에게 봉사하고 그들의 문제를 해결해줄 수 있는지 알아보라. 그러면 부의 창출 공식의 일부를 해결할 수 있을 것이고, 더 많은 돈이 당신에게 흘러갈 것이다.

당신의 가치에 대한 평가와 감정이 가치의 외적 창조를 이끌며, 이는 가치를 받아들이는 다른 사람들의 인식에 영향을 줄 것이다. 그래서 **자신의 내면세계에서 가치를 느끼지 못하면 세상에 가치를 내줄 수 없다.** 이것이 적어도 돈과 관련해서 당신의 자존감이 당신의 순자산과 같은 이유다. 예를 들어 당신은 마음속 깊숙이 지금보다

확신

두 배의 급여를 받을 자격이 된다고 느끼지 못하기 때문에 그런 급여를 제시하는 일자리에 지원하지 못한다. 하지만 그래서 당신은 지금보다 절반의 급여를 받지 않을 자격(당신은 절반보다는 더 받을 자격이 있다고 느낀다)이 있다고 느끼기에 그런 급여를 제시하는 일자리를 받아들이지 않는다. 이는 제품, 서비스, 지식재산권 등의 가격을 책정할 때도 영향을 미친다.

공정한 교환

돈을 받기 위해서는 교환이나 거래가 이루어져야 하고, 그 결과 부가 창출된다. 당신은 다른 사람이 충분히 지불할 가치가 있다고 생각하는 상품이나 서비스, 아이디어를 제공해야 하며, 당신은 그에 대한 **공정한 대가를 받을 수 있을 만큼 개방적이고 충분히 높은 자존감을 가져야 한다.** 여기에는 공정하고 지속 가능한 이윤이 포함되어야 하며, 그렇지 않으면 그 거래는 지속할 수 없게 된다.

당신이 금전적 내지는 기타 방식으로 공정한 보수를 감사히 받을 때 공정한 교환을 하게 되고, 이후 거래 문의가 계속 들어오고 당신을 소개하는 사람도 늘어난다.

교환이나 거래가 공정하지 않거나, 아예 일어나지 않으면 당신의 삶에 재정적 공백이 생긴다. 물론 주기만 할 뿐 받는 걸 허용하지 않는다면 말이다. 불공정한 교환이 이루어지면, 매출에서 간접비가 차지하는 비중이 올라갈 것이고, 당신의 사업과 소득은 유지될 수 없다. 한편으로는 원망과 비통한 마음이 쌓일 것이다.

예를 들어 죄책감이나 자신감 부족, 종교적 또는 사회적 강압, 시장 천정에 대한 인식 등은 거래를 일방적이고 지속 불가능하게 만든다. 이는 너무 낮은 가격을 매김으로써 구매자에게만 지나치게 유리한 상황이 벌어지는 경우를 낳을 수 있다. 결국 가치 창출의 감소라는 연쇄효과를 낳으면서 사회 전체에 악순환으로 이어진다.

반대로 당신이 부여하는 가치에 비해서 터무니없이 높은 가격을 매긴다면 당신은 불공정하거나 탐욕스럽거나 심지어 사람들을 속이는 사람으로 비난받게 된다. 바가지를 씌운 것이든, 엉터리로 약속한 일이든 단순히 상거래 경험이 부족한 상태에서 잘 모르고 한 행동이든 일시적으로 매출이 급증할 수는 있지만, 가치가 부족하다는 사실이 인식되면 상황이 반전될 것이다. 결국 추가 서비스, 환불, 피해 보상, 소송 등 부담해야 할 간접비는 증가할 것이다. 이럴 경우라도 역시 장기적으로는 지탱할 수 없어 사업 부실로 이어질 수 있다.

레버리지

레버리지란 가치를 창출하는 규모와 속도, 영향력이다. 당신이 문제를 해결해줄 수 있는 사람들이 늘어날수록 당신은 더 많은 돈을 벌게 된다. 레버리지는 고객, 팔로워, 팬의 숫자일 수도 있고, 여러 건의 구매 또는 고객 충성도 제고를 통한 조회량이나 반복 거래량일 수도 있다. 가격과 마진일 수도 있고, 당신이나 기업의 평판, 브랜드, 또는 마케팅 메시지의 확산성과 공유성일 수도 있다. 지역에서 전국으로 그리고 다시 세계로 넓어지는 사업 범위와 영향력일 수도 있다.

한편 중요한 문제일수록 보수가 커진다. 즉 문제의 규모와 속도에 따라 공정성이 결정된다. 상품, 서비스, 제안의 가치가 클수록 사람들의 만족도가 높아지며, 빠르게 확산한다. 따라서 가장 높은 수익을 안겨주는 고객들이 종종 가장 고마운 고객이면서 가장 적은 양의 고객 서비스를 받는다.

부의 창출 공식에 따르면 가치와 공정한 교환이 있어야만 장기적으로 부를 축적하고 확장할 수 있다. 예를 들어 대형 계약이 일시적으로 크게 늘어날 수는 있지만, 서비스나 문제 해결을 제공하지 않는다면 계속 확장해나갈 수 없다. 당신이 일을 잘하지 못하는데도 높은 급여를 받는 등의 불공정한 교환이 드러나면 당신의 위상은 추락하고 거래는 좀 더 공정하게 조정된다. 따라서 너무 빨리 규모를 키웠다가 망하면 예상보다 큰 피해를 볼 수 있다는 점에서 매우 위험하다. 규모가 일으키는 혼란에 대비하지 않으면 상황이 망가지기 시작할 수도 있다. 또 제공할 수 없는 가치를 약속한다면, 규모가 커질수록 문제는 악화될 것이다. 간접비는 증가하고 마진은 심지어 마이너스가 될 수도 있다. 비즈니스 전문가들이 너무 빨리 사업을 확장하지 말라거나 흑자를 내더라도 현금이 부족할 수 있다거나 잘나가다가도 한 가지 큰 문제로 쫄딱 망할 수 있다고 조언하는 것도 이런 이유에서다.

세 가지 부의 창출 요소에 균등하게 초점을 맞춰라. 단 순서(가치→공정한 교환→레버리지)에 주의하라. 먼저 당신이 비교적 약한 두 분야에서 최고의 인재를 고용하거나 파트너로 삼아라. 그런 다음 자신이 가장 좋아하는 부분을 맡아라. **공식의 어느 부분이건 일단 깨진 곳을 고쳐놨거나 아직 만들어놓지 않았던 부분을 보완했다면 부와 순자산이 유입되는 수문이 열린 셈이다. 규모를 확장하면서 계속 테스트하고, 피드백을 받고, 조정해야 한다.** 경제와 시장은 진화하고, 새로운 문제가 다시금 나타날 것이다. 이러한 끊임없는 진화의 희생자가 되기보다는 이를 수용함으로써 당신이 이끌어낼 수 있는 최고의 경쟁우위를 누려라.

가치의 확신

가치란 세 가지 요소 사이에 미세한 균형을 잡아야 생긴다.

- 당신이 살면서 실현해나가는 당신의 가치
- 당신이 소중하게 생각하는 것들, 즉 당신이 성장하고 자아실현할 수 있도록 해줌으로써 내적으로 자신이 가치 있는 사람임을 느끼게 해주는 것들
- 당신이 타인에게 제공하려는 가치, 즉 타인이 높이 평가하는 것들

이 세 가지의 균형을 잘 맞출 때 열정이 느껴지고 좋아하는 일을 하고, 그 일을 사랑하고, 다른 사람들을 돕고 돈을 벌 수 있는 능력이 더 커진다.

이때 당신의 욕구를 충족시키는 이기적 행위와 타인에게 가치를 선사하는 이타적 행위 사이에서 미세한 균형을 잡아야 한다. 사실 이 두 행위는 서로 연결되어 있다.

당신이 타인을 위해 가치를 제공하면 타인에게는 당신이 가치 있는 사람이란 느낌이 공고해진다. 한편 자신을 위해 '이기적인' 일을 했을 때도 당신 자신에 대해 더 많은 가치와 충만함을 느끼게 된다. 이런 느낌은 다시금 당신이 다른 사람들에게 제공하는 가치에도 반영된다.

내가 부동산 등의 투자 교육과 사업을 통해 나 자신은 물론이고, 다른 사람들을 도우면서 돈을 버는 경험이 가장 좋은 본보기가 될 수 있겠다. 내가 경영하는 회사들은 수천만 파운드의 매출을 올리며 내가 안락한 생활을 할 수 있게 해주는 성공적인 사업 모델이다. 그 회사들은 100명에 이르는 직원을 고용하고 있고, 세금으로만 수백만 파운드를 내고 있다. 또 많은 직원 가족들의 생활비를 지원하는 데 그치지 않고 각종 자선단체를 비롯해 '롭 무어 재단'에도 기부한다.

이 회사들이 지나치게 많은 가치를 선사하면서도 공정한 교환을 위한 가격 책정 전략이나 수익 모델을 확보해놓지 않았다면 지속적으로 성장하며 사회에 기여할 수 없을 것이다. 한편으로 충분한 가치를 선사하지 못한다면 저항을 받거나 간접비가 늘어나거나, 평판이 떨어지거나 심지어는 상당한 비용이 소요되는 법률적 다툼에 휘말릴 수 있다.

이렇듯 **어떤 회사의 창업자들이라도 최대한의 성장을 이루기 위해선 이기적 행동과 이타적 행동, 달리 말해 상업적 행동과 기부처럼 비상업적 행동 사이에서 균형을 잡아야 한다.**

내 경험상으로도 이기적인 목적과 이타적인 목적을 모두 염두에 두고 훈련에 착수했다. 이기적 차원에서 다른 사람들을 도우면 정말 기분이 좋다(오해하면 안 된다. 나는 다른 사람들이 내가 그들을 도와준 데 대해 고마워할 때 내가 더 가치 있는 사람이라고 느끼는 순전히 이기적인 감정을 느끼는 걸 좋아할 뿐이다). 나는 여기에 중독을 느끼며, 타인에게 더 많은 가치를 전할 수 있기를 바라게 되었다.

그런데 기업이 이렇게 하려면 시간을 투자해야 하고, 그에 따른 재정적 비용도 감수해야 한다. 이윤이 제로라면 실패한 사업이거나 취미 또는 자선 사업이다. 이윤이 커지면 자존감도 높아진다. 돈은 당신에게 감사하고, 당신은 돈에 감사하고, 당신은 감사하는 당신에게 감사한다. 당신은 더 큰 만족감을 얻고 더 많은 돈을 벌게 됨으로써 이기적 이익을 충족하는 동시에 균형 잡힌 이타적 방식으로 시장에 봉사하게 된다.

자신의 가치에 대한 '확신'이 없다면 그 가치를 세상에 내놓지도 않을 것이고, 그것에 공정한 가격을 매기지도 않을 것이다. 그러면 세상은 가치를 얻을 수 없게 되므로 당신에게 감사하지도 않을 것이다.

자신을 소중히 여기지 않으면 다른 누구도 당신을 소중히 여기지 않을 것이고, 당신은 세상에 가치를 내놓을 자신이 없을 것이다. 안에 없는 것을 밖에다 나누어 줄 수는 없다.

돈과 관련해 자존감을 높이는 방법을 익히면 무한한 소득 잠재력을 촉발할 수 있다.

1. 돈과 관계가 좋지 않았던 과거의 여러 사건으로 돌아가 그 사건들이 당신에게 미친 긍정적인 영향을 살펴보라.

과거의 사건이 당신을 정의하지는 않는다. 단지 당신의 미래를 예측하는 습관으로 삼으려고 이월해놓은 과거의 사건들일 뿐이다. 자신의 부정적 생각이나 행동을 용서하라. 그리고 돈에 관한 긍정적 기억이 어떻게 당신을 더 돈을 끌어들이는 자석처럼 만들 수 있었는지를 확인하라.

예를 들어, 누군가가 돈 때문에 당신을 골탕 먹인 이후로 돈에 관한 신뢰 문제가 생겼다면, 그 경험에서 온갖 교훈을 얻어라. 당신이 어떤 면에서 허술했고, 무엇을 배웠고, 보안이나 계약과 같은 기술적 측면에서 무엇을 놓쳤는지를 따져보라. 이렇게 배운 걸 미래에 더 나은 금융 거래를 이루기 위해 이월하라.

2. 돈의 법칙을 학습하는 데 전념하라.

돈은 당신이 그 개념을 100퍼센트 이해했을 때 예측이 가능하다. 돈은 가치에 대한 측정 단위로서, 상품이나 제품, 서비스를 더욱 효과적으로 거래하는 방법이다. 돈을 통해 불확실한 미래를 측정하거나, 점수를 매기거나, 저축하거나, 투자하거나, 위험을 회피할 수 있다.

돈은 그 가치를 가장 낮게 평가하는 사람에게서 가장 높게 평가하는 사람으로 이동하는 경향이 있다. 돈은 인간이 만든 것이라서 인간의 행동과 감정을 따른다. 당신이 돈에 가치와 믿음을 둘 때만 명백한 의미가 생긴다.

당신은 아는 게 늘어날수록 성장하고, 배우면 배울수록 더 많이 벌게 된다. 돈의 법칙에 대해 끊임없이 읽고, 부자들을 관찰하고, 강의를 듣고, 평생 돈에 대해 배우려는 겸손한 학생으로 남는 데 전념하라.

3. 돈을 사랑하고, 돈의 진가를 인정하고, 돈에 감사하는 방법을 배워라.

많은 돈을 끌어들이기 위해서는 돈과 부채 등이 관련된 모든 금융 거래를 할 때마다 감사하라. 돈을 주면서 감사하고 받으면서 고맙게 생각하라.

4. 부를 기대하라, 그것이 당신의 권리다.

기대이론expectation theory이란 사람들이 특정 행동을 하는 것은 자신이 선택한 행동의 결과가 가치 있을 것이라는 기대 때문이며, 바로 그 기대가 선택의 동기를 부여한다고 보는 관점이다. 이 이론에 따르면 당신은 당신이 기대하는 것을 얻지, 누가 봐도 '공정'하거나 당신이 '얻을 자격이 있는 것'을 얻지 않는다.

당신은 부와 돈을 얻을 만한 가치가 있다. 그것이 모두의 권리인 것처럼 당신의 권리이기도 하다. **누구도 운명적으로 가난하게 태어나지 않았다. 그리고 우리는 모두 자아실현을 하게 되어 있다. 돈은 당신의 자아를 더 고상하고 부유하게 만들어주는 원동력이다. 베풀고 창조하는 면 모두에서 부유해지기를 기대하라.**

당신이 요구하는 수수료나 비용, 급여에 자신이 평생 들인 모든 노력과 가치를 반영하고 있는가? 한평생 행한 모든 일이 당신의 가치에 반영되면 막대한 순자산으로 이어질 것이다. 살면서 지금까지 실행하고 경험했던 모든 걸 되새겨보라. 최대한 많은 과거 경험을 돌아보며 당신의 자존감에 가치를 더해주는 것들을 최대한 많이 나열하라. 그것은 교육, 학위, 상, 소득, 창작물 그리고 기부 행위일 수도 있다. 부족한 것이 아니라 가진 것에 집중하라. 할 수 없는 일이 아니라 할 수 있는 일에 집중하라.

5. 누구와 시간을 보내는지 생각해보고, 필요하다면 바꿔라.

"당신의 네트워크가 당신의 순자산이다"라는 문구에 숨겨진 진실은, 당신의 순자산이 당신이 가장 많은 시간을 함께 보내는 다섯 사람의 합이라는 점이다. 무일푼인 사람 다섯 명과 정기적으로 시간을 보내면 당신도 그렇게 될 가능성이 크다. 반면 억만장자 다섯 명과 정기적으로 시간을 보내면 당신도 그렇게 될 가능성이 크다. 당신은 주변 환경에 적응하면서 그것을 당신에게 맞는 새로운 환경으로 만들기 때문이다.

누구와 가장 많은 시간을 보내느냐는 전적으로 당신의 선택에 달렸다. 성공하길 바라는가, 실패하길 바라는가? 당신은 당신을 끌어 올려주고 교육해주고, 당신에게 동기와 영감을 주고 새로운 가능성을 열어주고, 새로운 경험과 통찰력과 지원을 주는 성공한 부자들과 시간을 보내기로 결정할 수 있다. 그러면 당신은 그들의 수익 창출 모델과 시스템, 돈 관리 전략, 행동과 감정, 레버리지 전략과 투자 비법을 배울 것이다. 당신의 멘토, 동료, 현명한 조언을 얻을 수 있는 친구의 친구, 또는 책, 행사, 다큐멘터리를 통해 공부하는 사람들과 함께하라. 팟캐스트가 나에게 주는 가장 큰 선물 중 하나는 내가 놀랍고, 부유하고, 성공한 사람들을 만날 수 있다는 점이다. 그것은 말 그대로 내 정신을 고양해주고, 내 비전과 에너지의 문을 열어준다.

확신

공정한 교환의 선순환

내가 예술가로 활동할 때 내 작품은 저렴하게 팔렸다. 내 작품이 그렇게 엉망진창이어서 그런 건 아니었다. 나는 내가 살던 지역에는 예술품을 살 만한 돈을 가진 사람들이 없어서 그런 거라고 확신했다. 내가 쓴 캔버스와 재료비의 원가가 낮다는 걸 알고 있었기 때문에 내 작품을 런던에서 팔리는 작품처럼 높은 가격을 붙여 파는 게 탐욕스럽게 느껴졌다. 나는 보통 1제곱미터의 캔버스 위에 그린 그림을 495파운드를 받고 팔려고 했지만, 사실 그렇게 받고 파는 경우도 극히 드물었다. 어떤 사람들은 350파운드까지 가격을 후려치기도 했다. 오랫동안 그림이 안 팔리면 나는 그림 가격을 250파운드나 심지어 200파운드까지 낮춰야 했다. 화랑에서 그림을 팔았다면 화랑 주인이 팔린 가격의 40퍼센트를 가져갈 테니까 내 몫은 기껏해야 120파운드에서 300파운드 정도가 되었을 것이다. 나는 5년 동안 작품 가격을 똑같이 유지했기 때문에 물가 상승률을 감안하면 사실 가격을 계속 낮춘 것이나 마찬가지였다. 나는 가격을 더 올리는 방법을 몰랐다. 두어 번 대회에 나간 뒤 런던에서 내 작품을 팔 생각도 해보았다. 하지만 아무런 관심도 받지 못한 나는 런던이 너무 독선적이라고 느끼면서 바로 다시 내 껍데기 속으로 들어갔다. 게다가 거대한 캔버스를 들고 가서 대회에 출품한 뒤 돌아왔다가 떨어지면 다시 가서 작품을 갖고 돌아와야 했다. 이때 타야 할 네 번의 지하철 요금마저 낼 능력이 없다는 걸 알면서 런던 지하철을 탄다는 게 나로서는 여간 난처한 일이 아니었다.

그러던 중, 피카소의 냅킨 스케치에 얽힌 일화를 접하고 내 전략을 180도 전환했다. 그것은 내가 내 작품 가격을 아주 싸게 매긴 이유를 명확히 설명해주었다. 나는 세 살 때부터 예술을 하느라 쏟았던 시간, 투자, 총비용, 기회비용, 상과 학위, 헌신, 고통, 열정, 정열을 빼놓고 단지 재료비만 계산했을 뿐이었다. 나는 내 작품에 20년이 넘는 활동이 갖는 가치나 가격을 포함시키지 않았

확신

다. 역도 선수한테 정통으로 따귀를 한방 맞은 것 같은 느낌을 받을 정도로 강력한 깨달음이었다. 당신이 매기는 가격에는 평생의 노력, 교육, 경험, 열정, 헌신, 해결책 그리고 당신의 희생을 포함시켜야 한다. 그렇지 않으면 당신은 내가 느꼈던 것과 같은 죄책감, 당혹감, 씁쓸함 그리고 치욕을 경험하게 될 것이다. 게다가 아이러니하게도, 당신이 본래 정했던 가격보다 더 낮은 가격을 지불한 구매자들을 원망하게 될 것이다. 물론 가치는 주관적이고 상대적이기 때문에 구매자가 생각하는 가치 또한 가치를 결정하는 공정한 교환 과정의 일부일 뿐이다. 구매자가 공정하지 않다고 생각하면 판매자가 독단적으로 엄청난 가격표를 무작정 붙일수는 없다. **공정한 교환을 창출하는 것은 이러한 공정한 가치와 공정한 가격 사이의 균형이다.**

당신이 돈과 부를 얻기 위해서는 교환이나 거래가 일어나야 한다. 그렇지 않으면 취미 생활이나 자선 활동에 그칠 수 있다. 당신이 누군가가 가치가 있다고 생각하는 상품이나 서비스를 제공해주면 그는 기꺼이 그것에 맞는 대가를 지불한다. 공정한 교환은 구매자와 판매자 또는 고용주와 종업원 사이에 일어나는 최소한의 통상적인 양방향 교환이다. 공정한 교환이 이루어지려면 판매자는 구매자가 생각하는 가치를 제공해야 하며, 구매자는 판매자가 생각하는 것과 같은 화폐 가치로 교환해줘야 한다. 공정한 교환하에서만 당신은 자유로운 통화 흐름을 통해 부를 얻는다. 시장이나 개인은 때로는 예술품처럼 개별적으로, 아니면 연료 가격처럼 통합적으로 공정한 교환 과정을 지배한다. 가격은 판매자가 받아들이고 구매자가 낼 돈 사이의 합의이기 때문에 항상 진실을 말해준다.

공정한 교환이나 보상이 없는 가치는 사실상 전혀 가치가 없는 것이나 마찬가지다. 대부분의 사람들은 돈을 내지 않는 것을 가치 있게 여기지 않는다. 먼지가 수북이 쌓인 채 책꽂이에 꽂혀 있던 책을 공짜로 받았다고 생각해보라. 당신이 '자기계발'을 많이 했을지 모르지만, 아무리 중요한 조언을 해도 그것을 공짜로 해준다면 대부분 그것을 소중히 여기지 않는다. 하지만 당신이 500파운드를 내고 책을 한 권 샀다고 상상해보라. 그럼 그 책을 읽지 않겠는가? 가치란 가늠하기 힘든 뭔가를 돈과 같이 구체적으로 가늠할 수 있는 척도로 만든 개념이다.

부를 쌓기 위해 고군분투하는 가난한 사람들은 그들이 제공하는 제품과 서비스 가격을 지나치게 낮게 책정하기에 희소성을 창출하여 가치를 높이는 데 실패한다. 화가 시절, 내 저가 예술품은 저임금 고객을 끌어들이고 있었지만, 고임금 고객은 내 작품에 등을 돌렸다. 나는 내 작품 가격을 올려 책정하는 데 죄책감과 두려움을 느낀 나머지 내 자존감과 가치를 평가절하했다. 나는 내가 불공정한 교환을 당하고 있다고 느꼈는데, 실제로는 내가 그런 불공정한 교환을 주도한 당사자였다.

당신이 제공하는 제품과 서비스에 충분히 높은 가격을 매기지 않는다면, 사람들은 당신이 '공정하다'고 생각하는 것보다 기꺼이 더 많은 돈을 내려고 하지 않을 것이다. 즉, 아무도 당신이 더 높고 공정한 가격을 책정할 수 있게 도와주지 않는다. 더군다나 당신의 자존감을 높여주려고 당신에게 더 많은 돈을 내주는 사람은 없다. **자존감은 당신 자신이 높여야 한다. 당신이 수수료나 급여를 너무 낮게 책정해버리면 공정한 거래의 균형이 무너질 것이며, 마진이 제로나 마이너스가 되면서 오랫동안 버티지 못하는 결과를 초래할 것이다.** 그러면 당신과 직원들 모두 분노할 수밖에 없다. 제로 마진과 분노는 낮은 자존감뿐만 아니라 고객과의 부실한 관계를 영속시키게 된다. 구매자는 낮은 가격을 지불했지만, 구매한 것을 가치 있게 여기지 않게 된다. 돈의 법칙과 성격 때문에 벌어지는 일이다. 아이러니하게도 이런 문제의 해결책은 아주 간단하다. 당신이 요구하는 가격, 수수료, 급여를 올려라!

공정한 교환 없이 받기만 하거나 상품과 서비스와 아이디어를 제공하고 너무 높은 보상(낮은 가치에 비해)을 받으면 그에 따르는 대가가 생기기 마련이다. 즉, 사람들이 실망하거나, 바가지를 쓰거나, 심지어는 사기를 당했다고 느끼게 된다. 그들이 그 사실을 적극적으로 퍼뜨리면 결과적으로 당신의 평판은 부정적인 영향을 받고 미래의 매출은 감소한다. 마케팅 컨설팅 회사의 창업자인 조지 실버만 George Silverman이 쓴 『입소문을 만드는 100가지 방법』에 따르면 좋은 메시지는 4번, 나쁜 메시지는 11번 공유된다고 한다. 처음에는 가치가 가격에 비해 비교적 낮다는 사실이 입증될 때까지 매출이 급증했다가 그 가격이 시장이 감당할 수 있는 수준을 초과하거나, 가격보다 가치가 낮다고 간주될 때 상황이 역전될 수도 있다. 극단적인 경우 이런 생각은 바가지를 썼거나, 속았거나, 완전히 사기를 당했다는 생각으로 이어진다.

공정한 거래의 양극단을 살펴보고 균형을 잡기 위해 노력하는 것이 중요하다. **부는 돈의 법칙이 갖는 추진력과 속도이며, 당신은 공정한 교환을 통해서만 부를 쌓고 유지할 수 있다.** 지나치게 극단적으로 자신에게 유리하게 교환했다가는 타인이 인식하는 가치가 줄어든다. 반면에 지나치게 극단적으로 타인에게 유리하게 교환했다가는 자신의 가치와 거래의 지속 가능성이 감소한다.

페이팔 PayPal (전 세계의 온라인 지불 시스템을 운영하는 회사)은 이메일을 통한 송금 시장의 잠재력이 상당하지만, 아직 이 시장을 지배하려고 나선 회사가 없다는 걸 깨달았다. 페이팔은 재빨리 시장을 공략하기 위해 다양한 전략을 시도했다. 처음에는 고객이 자사 서비스에 가입할 수 있도록 하는 것이 가장 중요하게 해결해야 할 과제였다. 페이팔에는 유기적이고 활기 넘치는 성장이 필요했다. 그래서 고객에게 일종의 인센티브로 돈을 주었다. 신규 고객들에게는 가입비 10달러를, 기존 고객들에게는 추천비 10달러를 주었다. 그러자 회사는 기하급수적으로 성장했다. 페이팔은 신규 고객 한 명당 제공하는 인센티브를 20달러로 올렸다. 상황에 유연하게 대응해 인센티브를 높인 이러한 전략은 페이팔의 주요 자산이 되었다. 페이팔은 2002년 기업 공개를 실시했고, 같은 해 15억 달러에 이베이eBay(다국적 전자상거래 기업)에 인수되었다. 2020년 5월 기준 페이팔의 시가총액은 1700억 달러(2021년 1월 기준으로 약 2800억 달러)로 평가되는데, 이는 모두 먼저 베풂으로써 얻은 결과다.

공정한 거래를 표방하면 당신의 자존감이 올라간다. 당신이 투자한 시간과 일에 적절한 보상을 받는 것처럼 느끼기 때문이다. 이는 다시 당신이 제공하는 것의 가격과 가치를 높이는 데 도움이 된다. 이를 통해 이익이 높아지면 다시 서비스 규모를 늘리고 품질과 가치에 재투자할 수 있게 된다. 게다가 가격과 가치를 높이면 당신이 제공하

는 것의 가치를 인정하고, 기꺼이 더 많은 돈을 낼 의사가 있는 더 수준 높은 고객이 유입된다. 그들이 더 많은 돈을 내면 당신은 그들에게 더 많이 주고 봉사함으로써 성장과 기여의 선순환을 만들게 된다. 또한 돈의 이동 속도가 올라가면서 돈의 본질이 강화된다. 가격을 올리는 게 왜 중요한지를 알려주는 또 다른 이유다.

내가 예술가로서 첫발을 내디뎠을 때 이 책을 읽을 수 있었더라면 내 인생의 거의 5년을 아끼고, 5만 파운드의 빚을 안 져도 되었을 것이다. 영국 설치 작가 트레이시 에민Tracey Emin은 2000년 그녀의 작품 〈마이 베드My Bed〉를 220만 파운드를 받고 팔았다. 또 다른 설치 작가인 데이미언 허스트Damien Hirst는 2007년 〈봄날의 자장가Lullaby Spring〉를 965만 파운드에 팔았다. 나는 오랫동안 억울하게 막대한 부의 기회를 놓치고 있었다.

레버리지의 시대
열정·직업·시장·이익

레버리지란 더 적은 것으로 더 많은 것을 성취하는 것이다. 더 적은 돈이나 타인의 돈을 갖고 더 많은 돈을 벌거나, 더 적은 시간을 들여 더 많은 시간을 얻거나, 더 적은 노력을 들여 더 많은 결과를 얻는 것이다. 레버리지는 빠른 속도로 폭넓게 강한 영향을 미친다. 고대 그리스의 위대한 수학자이자 물리학자였던 아르키메데스가 "충분히 긴 지렛대를 주면 지구를 들어 올릴 수 있을 것"이라고 했던 말을 귀담아듣자.

대부분의 사람은 레버리지를 활용하지 않고, 더 열심히 일하면 더 많은 돈을 벌 수 있다는 신화에 무비판적으로 길들여져 있다.

먹고살기 위해선 열심히 일하고 희생하면 된다는 것이다. 사는 건 당신의 권리지만, '열심히' 살지 않고도 인생을 '즐기며' 살아야 한다. 주인이나 종, 고용주나 직원, 리더나 추종자, 대부업자나 차용자, 소비자나 생산자 등 너나 할 것 없이 모두가 레버리지를 경험한다. 각자 상대방을 돕지만, 한쪽은 레버리지의 주체가 되고 다른 쪽은 레버리지의 대상이 된다. **당신은 레버리지를 활용하고, 영감을 받은 비전을 향해 나아가고, 다른 사람들의 시간과 돈과 자원, 네트워크, 경험, 기술을 통해 돈을 벌 수 있다.** 아니면 다른 사람들의 원대한 비전을 달성하는 일에 레버리지를 당한다.

당신이 다른 사람들을 위해 일하면서 행복하지 않거나, 돈을 벌기 위해 일하는데 그 일이 중단되면서 수입이 끊긴다면 당신은 다른 사람들에게 레버리지당하고 있는 것이다. 그들은 당신을 통해 돈을 벌고 있고, 당신은 가치 사슬의 아래쪽에서 '열심히' 일하면서도 적은 수입만을 챙긴다. 당신은 아마도 최소한의 통제력과 자유만을 누리면서 불행을 느낄 것이다. 대부분의 사람들은 시간, 일, 돈이 서로 직접적인 연관성을 띠고 있다고 믿는다. 백만장자, 억만장자 그리고 선각자들은 그것이 전혀 사실이 아니라는 걸 안다. 당신은 돈을 벌기 위해서 열심히 일하라고 배우지만, 실은 돈이 당신을 위해 열심히 일하도록 해야 한다. 당신은 더 오랜 시간 일하고 초과 근무하면 더 많은 돈을 벌 수 있다고 배우지만, 실은 비전, 레버리지, 리더십 그리고 이러한 것들을 이루기 위한 네트워크와 조직의 구축이 거대하고 지속적인 부를 창출한다.

백만장자나 억만장자 또는 유능한 자금 관리자들은 다른 사람들의 시간, 자원, 지식, 인맥을 이용해서 돈을 벌고 시간을 아낀다. 억만장자의 생활을 한번 살펴보자. 그들이 정말 광부나 청소부보다 더 '열심히' 일하고 있을까? 아니다. 레버리지는 학습이 가능하다. 당신은 돈을 벌고, 시간을 아끼고, 변화를 만들어내기 위해 억만장자가 알고, 배우고, 사용하고 있는 것과 같은 전략과 전술을 배울 수 있다.

인터넷에 기반한 온갖 애플리케이션, 미디어, 기술 및 시스템 덕분에 레버리지하기가 어느 때보다 쉬워졌다. 당신이 1인 밴드라도 대부분의 작업을 아웃소싱할 수 있다. 소득을 창출하는 직무에 더욱더 집중하기 위해 가상의 개인 비서를 고용할 수 있다. 다양하고 방대한 소셜미디어 채널을 통해 낮은 비용이나 무료로 수백만 명에게 다가갈 수 있다. 텔레비전이나 라디오 광고 없이도 인플루언서가 될 수 있다. 휴대전화, 유튜브 채널, 팟캐스트를 통해 자신만의 미디어 제국을 세울 수 있다. 빅데이터, 직관적 알고리즘, 인공지능을 활용해 사실상 실시간으로 시장과 사용자들에게 반응할 수 있다. 지역사회와 소셜미디어 공동체로부터 아이디어와 콘텐츠를 얻고 사업에 활용함으로써 크라우드소싱할 수 있다. 대중에게서 창업 자금을 모아 크라우드펀딩할 수도 있다. 스티브 잡스가 그랬던 것처럼 다른 사람의 아이디어를 활용하거나 공짜로 구할 수 있는 정보를 활용할 수 있다.

산업 시대를 거쳐 정보화 시대로 이동했지만, 이제는 레버리지 시대가 열릴 것이다. 인플루언서의 '인정'이나 '추천' 한 번만으로도 입소문이 날 수 있다.

부의 창출 공식만큼이나 가치에 대한 공정한 교환의 속도와 규모가 중요하다. 성장, 인맥 확대, 가시성 및 평판 향상을 통한 소득과 영향력 제고가 중요하다. 레버리지하지 않으면 눈에 띄지 않고, 눈에 띄지 않으면 광범위한 시장과 세계에서 존재하거나 생존할 수 없다.

특별한 재능과 열정을 높은 수익으로 전환한 혁신적인 사업 모델과 열정적인 사람들의 사례가 많다. 당신 역시 이미 잠재력은 백만장자이자 억만장자지만, 아직 돈이 없을 뿐인 또 다른 형태의 백만장자이고 억만장자다. 지금 가진 재능을 높게 평가해야한다. **당신에게 잠재된 '부'를 실제 현금으로 전환하라.** 백만장자는 그들 자신의 가치와 특별함을 화폐 형태로 전환했다. 당신도 그럴 수 있다.

백만장자도 처음에는 초보자였다. 그들이 할 수 있었다면 당신이라고 못 할 이유가 무엇이겠는가? 분명 그들도 자신만의 특별하고 낯설고 기이한 사업 모델로 돈을 버는 데 두려움과 걱정을 느끼고 의심했을 것이다. 하지만 그들은 자신의 가치와 재능, 열정을 따르고, 그것이 향하는 곳을 파고들었다. 당신의 열정을 당신의 직업으로 그리고 당신의 특별한 재능을 현금으로 바꿔주는 네 가지 요소는 열정, 직업, 시장, 이익이다.

1. 열정

열정은 에너지, 정열, 약간의 흥분, 문제 해결력, 끈질긴 욕망과 관련된다. 열정은 종종 역경에 맞설 때 생긴다. 당신과 당신의 사업은 끊임없이 시험을 받게 될 테니 그를 계속 타오르게 하는 불씨가 바로 당신의 열정이다. 열정이 적거나 없으면 상황이 어려워졌을 때 당신은 바로 항복한다. 자기 내면을 들여다보고 이미 가지고 있는 가치와 재능에 관한 열정을 찾거나 매일 무엇에 가장 열정이 있는지 계속 자문해보라.

- 내 인생에서 아주 오랫동안 하고 싶은 일은 무엇인가?
- 내가 일 외에 하고 싶은 건 무엇인가?
- 내 경력으로 얻을 만한 특권은 무엇인가?

이런 질문들부터 시작하라.

아주 어렸을 때부터 무엇에 열정이 있는지 알고 있는 사람도 있지만, 지속해서 시험하고, 조사하고, 고군분투해야 알 수 있는 사람도 있다. 어쨌든 계속 묻다 보면 찾을 수 있을 것이다. 그러려면 저녁과 주말에 아르바이트를 시작해볼 수도 있고, 아니면 풀타임으로 일을 해볼 수도 있다. 중요한 것은 무엇을 하든 그 일이 순전히 당신의 선택이라는 점이다.

2. 직업

직업은 당신이 가진 열정을 상업화하는 것이다. 금전적인 요소가 개입되어 있지 않은 열정은 자선이나 취미 활동에 불과하다. 이전 세대에는 직업의 종류가 뻔했고, 취미나 흥미를 통해 돈을 버는 경우가 사실상 거의 없었다. 하지만 미디어, 인터넷, 소셜미디어, 인플루언서 및 개인 브랜딩을 특징으로 하는 분산화된 현대 사회에서 '취미'를 통해 돈을 버는 게 어느 때보다도 쉽고 적절해졌다. 열정을 쏟고 있는 일이 있다면, 당신이 먼저 자문해봐야 할 점들이 있다.

- 열정을 통해 돈을 벌고 싶은가?
- 열정의 상업적·사업적 요소를 배울 준비가 되었는가?

- 사업 규모를 더 키워서 다른 사람을 돕고 다른 사람에게 봉사하려고 하는가?

그렇다고 생각하면, 그렇게 하자!

3. 시장

시장은 당신이 접촉할 수 있는 영역의 크기와 잠재 고객의 수와 같다. 당신의 원대한 비전이 외몽골에서 관장을 전문으로 하는 병원을 운영하는 것이라면, 그것은 사업 규모 확장을 고민할 만큼 충분히 큰 시장은 아닐 수 있다. 내가 왜 그렇게 구체적인 사례를 언급했겠는가! 당신은 당신이 파는 제품에 대한 관심 영역이 커지고 있는지, 그것이 너무 지나치게 틈새시장이 아닌지 알고 싶을 것이다.

미래학자 케빈 켈리Kevin Kelly에 따르면 누구나 성공적으로 지속가능한 사업을 하기 위해서는 오직 1만 명의 진정한 팔로워나 잠재 고객만 있으면 된다. 구글 트렌드, 구글 검색, 소셜미디어 플랫폼에서 유행하는 것, 검색 결과가 쏟아지는 키워드 등을 확인하는 식으로 초고속 조사를 하기가 그 어느 때보다 쉬워졌다. 당신은 사람들이 필요한지조차도 몰랐던 제품과 서비스를 만들어 수요를 창출할 수 있지만, 그래도 먼저 제품과 서비스의 시장 생존

능력과 규모를 점검한다고 한들 아무런 해도 입지 않을 것이다.

4. 이익

이익은 대부분의 사람이 놓치는 퍼즐의 마지막 부분이다. 이익은 부의 창출 공식에서 금전적 결과에 해당한다. 제품과 서비스의 가치를 강화하는 건 공정한 교환이다. 이런 거래는 사실 제품과 서비스의 가치를 높여준다. 공짜로 얻는 것보다는 돈을 내고 사는 것을 더 소중하게 여기는 경향이 있기 때문이다. 생산자는 소비자에게 혜택을 주는 제품과 서비스를 판매하는 데 더 막중한 책임을 느끼면서 전력을 다한다. 소비자는 돈을 내고 샀기 때문에 제품을 사용하거나 소비할 책임이 더 커진다.

거래로 유입되는 돈은 혁신과 제품과 서비스 개선에 재투자할 수 있게 해준다. 돈의 흐름에는 공공 서비스에 다시 투입되는 세금, 요금, 기부금 등이 포함된다. 돈의 흐름은 고용을 창출하고, 고용이 창출되면 더 많은 세금이 걷히고, 사람들은 생활과 생계에 필요한 돈을 마련하게 된다. 돈은 생각, 비전, 창조성 등이 물질로 전환된 영적인 것이다.

당신이 열정을 존중하고, 열정을 직업으로 바꾸고, 시장에 봉사하고, 부의 창출 공식을 이루는 요소들인 가치, 공정한 교환, 레버리지 사이에 균형을 맞출 때 돈의 연금술사가 된다.

당신은 돈을 교환하면서 현재보다 훨씬 더 가치가 높아졌다. 당신에게는 세상에 가치를 선사하는 특별한 재능과 기술이 있기 때문이다. 당신 안에 있는 특별함은 표현되고 발산되어야 한다. 당신에게는 다른 사람들의 문제와 고통을 해결하는 데 필요한 재능과 기술이 있다. 다른 사람들이 돈을 내면서까지 찾으려는 것들을 당신은 이미 누리고 있다.

당신은 정말로 엄청난 가치가 있는 사람이지만, 먼저 그렇다는 사실부터 깨달아야 한다. 이 책이 당신 자신과 당신의 참모습을 인정해주는 세상에 전하는 마지막 선물이 아닌 첫 번째 선물이 되게 하라. 당신은 이미 지금의 당신만으로도 충분하다. 모든 게 마음먹기에 달렸다. 살아온 한평생이 일, 급여 그리고 당신이 매기는 가격에 모두 반영되어야 한다. 마찬가지로, 자신의 기술, 열정, 이해력, 지식, 경험 그리고 네트워크를 더욱더 발전시켜 자신의 자존감을 높일 수 있다.

그리고 길을 잃을 때마다 자신에게 이렇게 말해줘야 한다는 걸 명심하라.

"나는 정말로 가치 있는 사람이다."

돈을 굴리는 결정적 힘, 자존감

흔히 "네트워크는 순자산과 같다"라고 말한다. 나는 "네트워크에 자존감을 곱하면 순자산이 된다"라고 말하고 싶다.

세상의 모든 돈은 사람들을 통해 순환한다. 사람들은 돈이 도는 통로다. 돈은 그들에게서 당신에게로, 당신에게서 그들에게로 그리고 다시 당신에게로 간다. 네트워크가 순자산과 같은 이유가 이것이다. 돈을 가진 사람이나 친구를 많이 알수록 돈이 당신에게 흘러갈 확률이 높아진다.

당신이 함께 시간을 보내는 사람들의 순자산이 마이너스라면 당신의 순자산도 역시 마이너스일 공산이 크다. 우리의 행동은 주위 사람들로부터 많은 영향을 받는다. 우리는 종종 무의식적으로 주변 사람들을 따라 행동한다. 주변에 흐르는 돈이 부족하면 돈이 당신에게 흘러들어올 수 없다. 당신과 불과 한두 다리 떨어진 사람들 주변에 수십억 달러가 흘러 다닌다면 그것이 당신에게로 흘러올 가능성이 훨씬 더 커진다.

이렇듯 네트워크가 자산이라면, 돈은 에너지의 전달 수단이다. 당신은 1000킬로미터 떨어진 곳의 열기를 느낄 수 없다. 돈은 화폐로 환산되는 가치를 측정하는 물리적 척도이자 가치의 교환 수단이다. '화폐'를 뜻하는 'currency'라는 단어는 '흐르다'나 '달리다'를 뜻하는 라틴어 동사 'currere'에서 유래되었다.

당신은 잠재된 가치를 물리적 가치로 바꾼다. 처음에 에너지는 아이디어, 해결책, 제품 또는 서비스의 형태를 띤다. 이 에너지는 화폐로 교환될 수 있는 물리적인 것으로 바꾼다. 당신에게로 흐르는 돈은 당신이 얻을 이익을 다른 사람에게 인식된 가치와 일치시키는 공정한 교환 환경에서 해결책이나 제품의 품질, 크기, 가치 및 규모와 동일한 균형을 이룬다.

당신의 자존감은 이러한 에너지 교환을 일으키는 가장 결정적인 원동력이다. 당신의 자존감은 열정을 비롯해 제품을 생산하는 과정에 에너지로 전달된다. 이어 당신이 하는 일과 관련된 마케팅 메시지와 판매 과정으로도 전달된다. 그런 다음 당신이 만나는 사람들에게 전달되면서 당신과 함께 있으면 가치가 발생한다는 믿음을 심어준다. 그런 다음 돈을 끌어들이는 홍보 활동, 가격 책정, 설득 등에서의 공정한 교환으로 이어진다.

낮은 자존감은 저주파 에너지 교환이다. 성냥을 긁지 않으면 불을 붙일 수 없다. 자존감이 올라가면 생산, 사람, 가격 책정, 설득으로 파급되는 높은 에너지 교환을 시작한다. 이때 급여, 담보 대출, 매각 소득 등의 형태가 필요하다.

가치 생산에 대한 공정한 대가로 돈을 끌어들이면 당신의 자존감은 그 돈을 어떻게 받고 관리할지를 결정한다. 돈을 가장 소중히 여기지 않는 사람은 그것을 가장 소중히 여기는 사람에게 주는 경향이 있다. 재정적 자존감이 낮은 사람은 돈을 받는 데 서툴고, 자존감을 보완하거나 일시적으로 높이려고 소비 습관, 중독, 부채의 형태로 돈을 쫓아낼 것이다.

구멍 난 양동이에도 물은 계속 부을 수 있지만 구멍을 막지 않으면 양동이는 절대 채워지지 않는다. 그토록 많은 사람이 종종 많은 돈을 벌었는데도 버는 것보다 계속해서 더 많이 쓰는 함정에 빠지는 것도 이런 이유에서다.

마지막으로, 당신의 관계나 네트워크에 잠재된 부를 금전적 부로 전환하기 위해서는 '진공 번영의 법칙'을 상기하는 게 좋다. 아리스토텔레스에 따르면 "자연은 진공 상태를 싫어한다." 자연에서는 물리적 법칙에 따라 밀도가 높은 물질이 주변의 빈 곳을 채워 진공 상태가 없다.

이와 관련해 진공 번영의 법칙은 당신의 삶에 새로운 무엇을 채우기 위해서는 미리 공간을 비우고 정리해놓고 있어야 한다고 말한다. 더 수준 높고, 당신과 잘 맞는 사람들을 당신의 삶에 끌어들이기 위해서는 인맥을 넓혀갈 때도 이 법칙을 염두에 두는 게 좋다.

마찬가지로 당신이 더 강하고 단단한 자존감으로 자신을 새롭게 채워 막대한 부를 쌓고 위대한 일을 하려면, 이전의 낡은 자존감을 비워야 한다. **당신의 자존감을 깎아내리는 과거의 짐을 치워 더 중요한 것이 들어올 공간을 마련하라.** 삶의 모든 영역에서 정기적인 청소와 정리를 하라. 당신의 몸, 마음, 감정, 금융, 인맥을 정리해 자유롭고, 개방적이고, 활력이 넘치는 삶을 살아라.

강한 자기 확신이
상위 1% 부자를 만든다

피카소에 관한 일화를 여기서 다시 상기시키고 싶다. 피카소는 냅킨 위에 단 몇 분 만에 스케치를 완성했지만, 그것은 단지 냅킨 위에 그린 그림 조각이 아니었다. 그것은 그가 평생 배우고 경험하고 창조한 모든 것이었다. 피카소는 그에 상응하는 응분의 대가를 요구했고, 그것은 곧 그의 자존감이었다. 이는 당신이 누구이고, 자신을 얼마나 소중히 여기고, 어떤 비전을 추진하는지를 비롯해 세상에 어떤 모습을 드러낼지에 영향을 주는 게 당신이 살아온 인생이라는 걸 보여주는 사례다.

가치는 무형의 것이고 보편적으로 벤치마킹하기 어려운 이상

자신에 대해 어떻게 평가하느냐의 여부가 당신의 몸값, 급여 그리고 소득 능력을 외부에 드러내주는 자신의 가치에 대한 유일하고 절대적인 척도다. 당신은 당신에게만 있는 특별한 기술과 재능과 경험을 통해 특별한 사람으로 평생을 살아왔다. 당신은 고락을 겪으며 살아왔고, 도전을 극복해냈고, 사람들의 삶에 변화를 일으켰다. 당신은 많은 실수를 저질렀지만, 그로부터 배웠다. 또 읽고 공부하고 여행하고 경청했다. 당신은 특별하고, 가치 있는 사람이다. 그렇다는 걸 잊지 마라. 혹은 그것을 기억해서 당신의 모험과 노력에 확실히 반영될 수 있게 하라.

때때로 사람들은 소셜미디어에서 나와 똑같은 말을 하는 '인플루언서'와 '기업가'가 많다고 말한다. 그러면서 내게 내가 나를 그들과 어떻게 다르다고 생각하는지를 묻는다. 단 한 가지 답변만 해줄 수 있는데, 그들은 내가 아니고, 나는 나라는 것이다.

가끔 나는 내게 불리한 면에서 그들과 나를 비교한다. 그들의 팔로워나 팟캐스트 청취자 수가 나보다 10배는 더 많기 때문이다. 하지만 그들도 그들 자신을 1억 명의 인스타그램 팔로워를 가진 아널드나 메시와 비교하면서 똑같이 그럴 것이다.

그들은 그들이라서 위대하다. 나는 그들을 존경하고 그들에게서 배우려고 노력한다. 나도 한때는 그들처럼 되고 싶었지만, 이제는 아니다. 내가 나인 걸로 충분하기 때문이다. 사실 그것만으로도 대단하다. 남들과 비교하거나 자신을 비하할 때 자신에게 이런 말을 자주 해줘야 한다.

"나는 내 팔로워가 아니다. 내 팔로워 수가 1명이든 100만 명이든 내가 누구인지는 바뀌지 않는다."

이제 자신을 위한 치료의 시간을 가져보자. 당신의 정체성을 이루는 삶의 모든 경험을 잃어버려도 세상에 중요한 가치를 더할 수 있음을 확신하라.

현실을 직시해보자. 다른 사람들은 평생 해온 일과 쌓아온 가치를 존중하고, 소유하고, 포장하고, 알리고 있는데, 당신이라고 왜 못하겠는가? 어떤 사람들은 심지어 허세도 부린다. 우리 모두 세상에 매력적인 이야기를 들려줄 수 있으며, 다른 사람들의 삶에서 영감을 얻는다. 그러니 세상에 당신의 이야기를 전하고 있는지 확인하라. 다른 사람의 삶에도 영감을 주고 가치를 더해줄 수 있는 자존감, 경험, 지혜로 가득 찬 당신의 인생 이야기를, 나아가 당신이 가진 위대한 점들을 글로 쓰고 공유하라.

예술에 소질이 없던 예술가인 내게 피카소의 일화는 시장 상황, 내 짧은 예술가로서의 경력 그리고 내가 자신에게 했던 모든 거짓말 때문에 내 작품을 과소평가한 건 아니었음을 상기시켜 주었다. 당시 내가 내 현재 상황뿐만 아니라 내 인생에서 겪었던 모든 것을 저평가했기 때문에 그렇게 과소평가했던 것이다. 내 값어치를 억누르고 부유한 고객들을 멀리한 이유도 바로 이 단 하나의 문제 때문이었다.

자신을 애써 소리쳐 알리거나 과장하지 말고 그냥 인정하라. 누군가가 칭찬해줬을 때 그에 대한 최고의 반응은 감사히 그 칭찬을 받아들이고, 칭찬해준 사람에게 칭찬의 기쁨을 맛보게 해주는 것이다. 당신에게도 똑같은 선물을 줘라.

당신이 살아온 인생이 당신의 자존감이다.
그리고 부는 자존감에서 결정된다.

부와 자존감의 관계에 대한
신선하고 기발한 통찰

부자와 돈에 대한 상식을 뒤집은 『머니』와 『레버리지』를 통해 전 세계 재테크 분야에 신선한 충격을 안겨줬던 영국의 자수성가 백만장자 롭 무어가 두 번째 자기계발서를 내놓았다. 소위 '이 시대의 화두'가 되었다는 말을 듣는 '자존감'을 다룬 책이다.

지난 15년 동안 사업을 하며 만나온 수많은 백만장자와 기업가들이 남들과 비슷한 조건 속에서도 성공을 거둔 비결을 '결단력'에서 찾아낸 게 첫 번째 자기계발서인 『결단』의 집필 계기였다면, 이번 책의 집필 계기는 그렇게 성공한 사람들도 자존감이 낮을 수 있다는 또 다른 의외의 발견이었다.

사람들은 보통 명품 시계를 차고, 가방을 들고, 옷을 입고 다니는 사람들이 자존감이 높으리라고 생각할 수 있으나 그런 사람들을 직접 만나본 롭 무어는 그것이 잘못된 생각일 수 있음을 알아냈다. 그들 중 더 많은 걸 이루고, 소유하려고 욕심을 부리다가 실제로 자존감이 아닌 공허함을 느끼는 사람도 많다는 걸 목격했기 때문이다. 이러한 발견은 자기 자신에 대해 더 좋은 감정을 갖고, 자신이 갈구하는 모든 것보다 자신이 더 많은 가치가 있다는 믿음을 바탕으로 경제적 성공을 거두고 싶어 하는 사람들을 도와주기 위한 이 책의 집필로 이어졌다.

　롭 무어의 이번 신작 역시 전작들과 마찬가지로 모호하거나 추상적인 설명과는 거리가 멀다. 부자들이 절대 알려주지 않는 자본 증식의 원리를 다룬 『머니』나 『레버리지』를 읽어본 독자들이라면 잘 알고 있겠지만 롭 무어는 지독하다고 할 만큼 '구체적인 실천 방안'을 제시하는 실용주의자다.

　전작들에 꼬리표처럼 붙어 다니는 '기발함'이나 '참신함'이라는 단어들은 이번 책에도 잘 어울린다. 그런 기발함과 참신함은 무엇보다 자기 확신과 자존감을 높이기 위한 3단계 시스템에서 뚜렷하게 드러난다. 롭 무어는 자세한 사례와 설명을 곁들여 우리가 원초적인 감정을 인식하고, 받아들이고, 행동해야 더 행복해지고 생산적으로 변하면서 더 깊고, 강하고, 흔들리지 않는 자존감을 가지게 된다고 역설한다. 시쳇말로 우리가 물리도록 들어왔던 "좋은 습관을 쌓아라" 혹은 "자신을 사랑하라" 등 '그 나물에 그 밥' 같은 자존감을 높이는 방법에 대한 설명과는 거리가 있는 신선한 발상이다.

　이 책은 총 6장으로 구성되어 있다. 1장에서는 우리의 자존감이 낮은 이유에 대한 분석이 나오고, 2장에서는 자존감을 높이기 위해서 떨쳐내야 할 일들이 소개된다. 3장에서는 자존감을 높이는 데 가장 큰 방해가 되는 '당신에 대한 타인의 생각'에 얽매이지 않는 방법이 제시되고, 이어 4장과 5장에서는 본격적으로 자존감을 높이기 위한 구체적인 행동강령이 등장한다. 끝으로 6장에서는 재테크 대가의 책답게 자존감이 경제적 성공에 어떻게 기여하는지에 대한 설명이 추가된다.

　책에 등장하는 수많은 사례와 설명 중 어느 것 하나도 허투루 넘길 수가 없다. 여기에는 저자인 롭 무어가 투자자이자 베스트셀러 작가, 팟캐스트 진행자, 영국 최대 부동산 교육 회사 사장, 비즈니스 멘토로서 15년 넘게 쌓아온 경험과 지식이 응축되어 있기 때문이다. 다수의 독자가 아마존에서 "이 책을 읽고 자아관과 인생관이 180도 바뀌었다"라거나 "살면서 바로 활용할 수 있는 방법들로 가득한 책"이라는 호평을 쏟아낸 것은 결코 우연이 아니다.

롭 무어의 말대로 부동산 투자, 기업가 정신, 자금 확보, 조직 관리, 파트너십, 육아, 경력, 성공, 행복 모두가 자기 자신에서 시작한다. 따라서 자기 확신과 자존감은 '우리가 하고, 되고, 갖고 싶은 모든 것의 초석'일 수 있기에 그만큼 소중하고 중요한 것인지도 모른다.

몇 년 전부터 우리 사회에서 자존감이 뜨거운 화두로 떠올랐다. 라디오, TV, 인터넷 등 어디서나 낮은 자존감을 둘러싼 고민과 자존감을 높이는 방법에 관한 이야기들이 넘쳐나고 있다. 이는 이유 불문하고 낮은 자존감 때문에 고민하는 사람들이 그만큼 많아졌다는 사실을 방증한다. 특히 코로나19 대유행이 장기간 지속하면서 경제적 어려움을 겪으며 자존감을 상실한 사람이 많다고 한다. 그런 면에서 롭 무어의 이번 신작이 위축된 자존감 회복에 큰 도움이 되어주기를 기대한다.

2021년 2월
이진원

이 책을 먼저 읽은
아마존 독자들의 추천사

성공에 관한 책을 10년 넘게 읽었지만, 늘 채워지지 않는 부분이 있었다. 그 빈틈은 이 책으로 채우게 되었다.　　　　　　　　 ─ M**

다음 단계로 나아가고자 하는 모든 사람을 위한 필독서. 롭 무어의 열정에는 전염성이 있으며 새로운 비즈니스를 시작하고 확장하는 스텝으로 밀어 올려준다.　　　　　　　　　　　　　　　 ─ 익명

이 책을 정말 좋아한다! 가치 있고 실용적인 조언으로 가득하다. 이 책

에 쓰여 있는 내용을 실제로 구현하면 당신의 인생도 바뀔 것이다.

−T**

이 책을 읽고, 지금까지 지녀온 마인드의 설정 자체를 완전히 새롭게 하고 인생에 관한 내 견해를 바꾸었다. 나는 무언가를 시작할 때마다 혹은 문제에 부딪힐 때마다 이 책을 다시 꺼내 읽는다. 미래를 더 희망차고 낙관적으로 그리고, 문제에 더 잘 대처하기 위해서다. 롭 무어는 내가 선물이라고 믿는, 다른 사람의 기분이 좋아지게 만드는 탁월한 능력이 있다.

−C**

자존감에 대한 환상적인 통찰! 낮은 자존감은 우리가 더 나은 삶을 사는 것을 방해하는 가장 큰 방해물일 것이다. 저자는 우리가 특별해지려고 애쓰지 않아도 이미 정말로 가치 있는 사람이라는 것을 보여준다. 언제 어디에서든, 누구에게든 추천할 수 있는 명품 같은 책이다.

−N**

종이책을 기다릴 수가 없어서 전자책을 선주문했다. 이 책은 자신의 삶에 직접 적용할 수 있는 각종 전략과 전술을 제공하는 훌륭한 책이다. 풍부한 실제 사례와 시나리오를 소개하므로, 열린 마음을 가지고 실천하면 당신은 분명 더 가치 있는 사람이 될 것이다. −A**

이진원

홍익대학교 영어영문학과를 졸업하고, 서울대학교 대학원에서 영어영문학 석사 학위를 취득했다. 《코리아헤럴드》 기자로 언론계에 첫발을 내디딘 후 IMF 시절 재정경제부(현 기획재정부)에서 공무원으로 일하면서 한국 경제 대외 신인도 제고에 기여한 점을 인정받아 장관상을 수상했다. 이후 로이터통신으로 자리를 옮겨 거시경제와 채권 분야를 취재했고, 10여 년간 국제경제금융 뉴스 번역팀을 이끌었다. 경제경영 분야 전문번역가로도 활동하면서 『머니』, 『결단』, 『필립 코틀러의 마켓 4.0』, 『구글노믹스』, 『혁신 기업의 딜레마』 등 다수의 책을 번역했다.

최고의 나를 이끌어내는 부의 심리학

확신

초판 1쇄 발행 2021년 2월 15일
초판 6쇄 발행 2023년 3월 31일

지은이 롭 무어
옮긴이 이진원
펴낸이 김선식

경영총괄이사 김은영
콘텐츠사업2본부장 박현미
책임편집 차혜린 **디자인** 마가림 **책임마케터** 문서희
콘텐츠사업5팀장 차혜린 **콘텐츠사업5팀** 마가림, 김현아, 이영진, 최현지
편집관리팀 조세현, 백설희 **저작권팀** 한승빈, 이슬
마케팅본부장 권장규 **마케팅4팀** 박태준, 문서희
미디어홍보본부장 정명찬 **디자인파트** 김은지, 이소영 **유튜브파트** 송현석, 박장미 **브랜드관리팀** 안지혜, 오수미
크리에이티브팀 임유나, 박지수, 김화정, 변승주 **뉴미디어팀** 김민정, 홍수경, 서가을, 이지은
재무관리팀 하미선, 윤이경, 김재경, 안혜선, 이보람
인사총무팀 강미숙, 김혜진, 지석배, 박예찬, 황종원
제작관리팀 이소현, 최완규, 이지우, 김소영, 김진경, 양지환
물류관리팀 김형기, 김선진, 한유현, 전태환, 전태연, 양문현, 최창우

펴낸곳 다산북스 **출판등록** 2005년 12월 23일 제313-2005-00277호
주소 경기도 파주시 회동길 490 다산북스 파주사옥
전화 02-704-1724 **팩스** 02-703-2219 **이메일** dasanbooks@dasanbooks.com
홈페이지 www.dasan.group **블로그** blog.naver.com/dasan_books
종이 타라유통 **출력·인쇄** 민언프린텍 **후가공** 제이오엘앤피 **제본** 대원바인더리

ISBN 979-11-306-3457-9(03190)

다산북스(DASANBOOKS)는 독자 여러분의 책에 관한 아이디어와 원고 투고를 기쁜 마음으로 기다리고 있습니다.
책 출간을 원하는 아이디어가 있으신 분은 다산북스 홈페이지 '투고원고'란으로 간단한 개요와 취지, 연락처 등을
보내주세요. 머뭇거리지 말고 문을 두드리세요.